EDITION HERDER

BRÜDER GRIMM

IRISCHE ELFENMÄRCHEN

Nach der englischen Originalausgabe
des Thomas Crofton Croker
übertragen und mit einer
Einleitung von Wilhelm Grimm
versehen

Band I

Herder Freiburg · Basel · Wien

Farbfotografien von Rainer Martini

Editorische Notiz: Die Wiedergabe des Textes folgt der deutschen
Erstausgabe, Leipzig, Friedrich Fleischer, 1826. Der dort beinhaltete
wissenschaftliche Exkurs über die Elfen in Schottland sowie die
Anmerkungen und das kurze Legendenmärchen „Der Wechselbalg"
fanden in die vorliegende Ausgabe allerdings keine Aufnahme.
Die von den Brüdern Grimm häufig eingedeutschten Eigennamen
wurden nach den Anmerkungen der Originalausgabe in die irische
Nennung zurückgeführt und die Zeichensetzung und die Recht-
schreibung behutsam der heutigen Schreibweise angeglichen.

Band 20 der Edition Herder,
Teilband I
Erste Auflage 1996
© Verlag Herder Freiburg im Breisgau 1996

Gedruckt auf umweltfreundlichem,
chlorfrei gebleichtem Papier

Alle Rechte vorbehalten – Printed in Italy
Umschlaggestaltung: Hermann Bausch
Satz: Freiburger Graphische Betriebe 1996
Reproduktionen: HWF Müller GmbH, Denzlingen
Herstellung: L. E. G. O. Olivotto S. P. A., Vicenza 1996
ISBN 3-451-26146-4 (Band I)
ISBN 3-451-26053-0 (Gesamt)

INHALT

BAND I

BAND II

Vorrede

Obgleich der Verfasser dieses Buchs, das unter dem Titel „Fairy legends and traditions of the South of Ireland", London 1825, erschien, sich nicht genannt hat, so darf man doch voraussetzen, daß er ein geborner Irländer ist oder lang in Irland gelebt hat. Er zeigt genaue Kenntnis von Örtlichkeiten, Sitten und Denkweise und ist vertraut mit eigentümlichen Ausdrücken, Gleichnissen, sprichwörtlichen Reden und andern Kleinigkeiten dieser Art, die nicht wenig dazu beitragen, seine Darstellung zu beleben, und in der Ferne oder aus einem Buch sich nicht erlernen lassen. Daher bedarf es kaum der Versicherung, welche er in ein paar als Einleitung vorangehenden Zeilen gibt, daß er alles aus dem Munde des Volks und in dem Stil, in welchem es gewöhnlich vorgetragen werde, aufgenommen habe. Abgesehen von dem eigentlichen Inhalt verleiht diese Treue und Wahrheit der Ausführung seiner Sammlung noch einen besondern Wert, denn sie gewährt eine Reihe kleiner, mit richtigen Farben und in allen Nebendingen sorgfältig ausgemalter Bilder, die als irische Idyllen gelten könnten. Man muß nachsichtig urteilen, wenn manchmal etwas zu viel sollte getan sein; dieser Fehler des zu sorgsamen Ausmalens, der immer nützlich und wobei Fleiß und Bestreben an sich achtungswert ist, erklärt sich am natürlichsten aus dem Einfluß, den Walter Scotts Darstellungsart gegenwärtig in England ausübt, welche ihrer Natur zufolge bei Nachahmern, selbst bei talentvollen, leicht die rechte und feine Linie überschreiten kann. Wer noch Sinn hat für schuldlose und einfache Poesie, wird sich von diesen Märchen angezogen fühlen, sie haben einen eigentümlichen Beigeschmack, der nicht ohne Reiz ist, und kommen aus einem Lande, an das wir gewöhnlich nur in wenigen und gerade nicht erfreulichen Beziehungen erinnert werden. Gleichwohl wird es von einem Volke bewohnt, dessen Altertum und frühe Bildung die Geschichte bezeugt, und das, wie es zum Teil noch in der eigenen Sprache redet, auch lebendige Spuren seiner Vorzeit wird aufzuweisen haben, wovon der hier dargestellte Glaube an überirdische Wesen vielleicht eins der besten Beispiele abgibt.

Den einzelnen Erzählungen unmittelbar zugefügte Anmerkungen des Sammlers sind nach englischer Sitte so weitläufig als möglich und oft gar nicht auf die Sache, sondern einen nebenbei erwähnten, unwesentlichen Umstand gerichtet. Nichts was zur Erläuterung der Überlieferung selbst diente, ist von uns ausgelassen, wohl aber was ungehörig schien, darunter auch manche gerade nicht glückliche allgemeine Sprachbemerkung oder etymologische Ausführung. Von uns herrührende Zusätze sind jedesmal mit einem Stern bezeichnet worden. Einiges wenige, was sich auf das Wesen der Elfen bezog, haben wir für die einleitende Abhandlung verwendet, die wir hinzuzufügen für zweckmäßig hielten.

Kassel, 10. Juli 1825

WILHELM GRIMM

DIE ELFEN IN IRLAND

DAS STILLE VOLK*

Die Elfen, die in ihrer wahren Gestalt kaum einige Zoll hoch
sind, haben einen luftigen, fast durchsichtigen Körper, der so
zart ist, daß ein Tautropfen, wenn sie darauf springen, zwar zit-
tert, aber nicht auseinanderrinnt. Dabei sind sie von wunderbarer Schönheit, Elfen sowohl als Elfinnen, und sterbliche
Menschen können mit ihnen keinen Vergleich aushalten.

Sie leben nicht einsam oder paarweise, sondern allzeit in
großen Gesellschaften. Den Menschen sind sie unsichtbar, zumal am Tage, und da sie zugegen sein und mit anhören könnten, was man spricht, so drückt man sich nur vorsichtig und mit
Ehrerbietung über sie aus und nennt sie nicht anders als das
gute Volk, die Freunde; ein anderer Name würde sie beleidi-

---

* Wörtlich: das *gute* Volk (the good people). Der irische Ausdruck für Elfe in
dieser Beziehung ist Shefro, und diesen Namen führt auch im Original die erste Abteilung, ohne daß er sonst vorkäme oder erklärt wäre. She oder Shi heißt
ohne Zweifel Elfe; vgl. hernach Ban-shi und das schottische Doane-shi und
Shian.

gen. Sieht man auf der Landstraße große Wirbel von Staub aufsteigen, so weiß man, daß sie im Begriffe sind, ihre Wohnsitze zu verändern und nach einem andern Ort zu ziehen, und man unterläßt nicht, die unsichtbaren Reisenden durch ehrfurchtsvolles Neigen zu grüßen. Ihre Häuser aber haben sie in Steinklüften, Felsenhöhlen und alten Riesenhügeln. Innen ist alles aufs glänzendste und prächtigste eingerichtet, und die liebliche Musik, die zuweilen nächtlich daraus hervordringt, hat noch jeden entzückt, der so glücklich gewesen ist, sie zu hören.

In den Sommernächten, wenn der Mond scheint, am liebsten in der Erntezeit, kommen die Elfen aus ihren geheimen Wohnungen hervor und versammeln sich zum Tanz auf gewissen Lieblingsplätzen, gleichfalls heimliche und verborgene Orte wie Bergtäler, Wiesengründe bei Bächen und Flüssen, Kirchhöfe, wohin selten Menschen kommen. Oft feiern sie ihre Feste unter geräumigen Pilzen oder ruhen unter ihrem Schirmdach. Bei dem ersten Strahl der Morgensonne verschwinden sie wieder, und es ist, als rausche ein Schwarm Bienen oder Mücken dahin.

Ihre Kleidung ist schneeweiß, manchmal silberglänzend; notwendig gehört dazu ein Hut oder ein Käppchen, wozu sie meist die roten Blütenglocken des Fingerhuts wählen und wodurch sie Parteien auszeichnen.

Die geheimen Kräften der Elfen, ihre Zaubermacht, ist so groß, daß sie kaum Grenzen kennt. Nicht bloß die menschliche, jede andere Gestalt, selbst die abschreckendste, können sie augenblicklich annehmen, und es ist ihnen ein leichtes, in einer Sekunde über eine Entfernung von fünf Stunden hinwegzuspringen. Vor ihrem Anhauch schwindet jede menschliche Kraft. Manchmal teilen sie den Menschen etwas von der Wissenschaft übernatürlicher Dinge mit, und erblickt man einen, der wie in halbem Wahnsinn mit Bewegung der Lippen einsam auf und ab geht, so ist ein Elfe unsichtbar bei ihm und belehrt ihn.

Die Elfen lieben über alles die Musik. Wer sie angehört hat, kann nicht beschreiben, mit welcher Gewalt sie die Seele erfülle und entzücke: Gleich einem Strom dringe sie mächtig entgegen; und doch scheinen die Laute einfach, selbst eintönig und überhaupt Naturlauten ähnlich zu sein.

Zu ihren Belustigungen gehört das Ballspiel, das sie mit großem Eifer treiben, und worüber sie oft bis zum Streit uneins werden können.

Im kunstreichen Tanz übertreffen sie weit alles, was Menschen leisten können, und ihre Lust daran ist unermüdlich. Sie tanzen ununterbrochen, bis der Sonnenstrahl an den Bergen sich zeigt, und machen die kühnsten Sprünge ohne die mindeste Anstrengung.

Nahrung scheinen sie nicht zu bedürfen. Sie laben sich an Tautropfen, die sie von den Blättern sammeln.

Menschen, die vorwitzig sich nähern oder gar sie necken, bestrafen sie hart, sonst pflegen sie gegen Wohlgesinnte, die ihnen vertrauen, freundlich und hilfreich zu sein. Sie nehmen einen Höcker von der Schulter, schenken neue Kleidungsstücke, versprechen einen Wunsch zu erfüllen, obgleich auch hier gute Laune von ihrer Seite nötig zu sein scheint. Sie lassen sich auch wohl in menschlicher Gestalt sehen oder jemand, der nachts zufällig unter sie geraten ist, teil an ihren Tänzen nehmen; aber etwas Gefährliches liegt allzeit in dieser Berührung: Der Mensch erkrankt danach und fällt von der unnatürlichen Anstrengung, da sie ihm etwas von ihren Kräften zu verleihen scheinen, in ein heftiges Fieber. Vergißt er sich und küßt der Sitte gemäß seine Tänzerin, so schwindet in dem Augenblick, wo seine Lippen sie berühren, die ganze Erscheinung.

Die Elfen stehen aber noch in einer besondern und näheren Beziehung zu den Menschen. Es ist, als teilten sie sich in die Seelen der Menschen und betrachteten sie nun als ihre Angehörigen. Daher haben gewisse Familien ihre eigenen Elfen, denen sie ergeben sind, wofür sie aber von diesen Hilfe und Beistand in bedenklichen Augenblicken, oft Genesung von tödlicher Krankheit, erhalten. Weil sie aber ihren Elfen nach dem Tode zufallen, so ist der Tod des Menschen für jene ein Fest, wo einer der Ihrigen in ihre Gesellschaft eintritt. Daher verlangen sie von den Menschen, daß sie bei Leichenzügen sich einfinden und sie ehren; sie selbst feiern die Bestattung des Toten wie ein Hochzeitsfest, tanzen über seinem Grabe, und ebendeshalb wählen sie auch Kirchhöfe zu ihren Lieblingsplätzen. Oft entspinnt sich heftiger Streit, wem ein Kind zugehöre, den Elfen des Vaters oder der Mutter, und auf welchem Kirchhof es solle begraben werden. Die verschiedenen Parteien der Unterirdischen hassen und bekriegen sich dann ebenso feindselig wie Stämme der Menschen; ihre Kämpfe finden in der Nacht, an Kreuzwegen, statt, und oft trennt sie nur der einbrechende Tag. Diese Verbindung der Menschen mit einem stillen, aber guten Geistervolk würde an sich nichts Abschreckendes, eher etwas Beglückendes haben, aber die Elfen erscheinen in einem gewissen Zwielicht; beides, das Böse wie das Gute, hat zugleich teil an ihnen, und sie zeigen ebensowohl eine schwarze als eine weiße Seite. Es sind vom Himmel gestoßene Engel, die nicht bis in die Hölle gesunken sind, die aber selbst in Angst und Ungewißheit über ihre Zukunft zweifeln, ob sie am Jüngsten Tage Begnadigung erhalten werden. Dieses Nächtliche, Teuflische bricht sichtbar in ihren Neigungen und Handlungen hervor. Wenn sie in Erinnerung des ursprünglichen Lichtes wohlwollend und freundlich gegen die Menschen scheinen, so treibt sie das böse Element ihrer Natur zu heimtückischen und verderblichen Streichen an. Ihre Schönheit, die wunderbare Pracht ihrer Wohnungen, ihre Fröhlichkeit ist dann nichts als ein falscher Schein, und ihre wahre Gestalt von abschreckender Häßlichkeit erregt Grausen. Erblickt man sie in seltnen Fällen bei Tag, so zeigen sie ein von Alter eingefallenes oder, wie man sich ausdrückt, welkem Blumenkohl ähnliches Gesicht, eine kleine Nase, rote Augen und das weiße Haar eines steinalten Greises.

Eins ihrer boshaften Gelüste besteht darin, gesunde und schöne Kinder den Müttern zu stehlen und einen Wechselbalg dafür hinzulegen, der eine Ähnlichkeit mit dem gestohlenen hat, aber nichts als ein häßlicher, krankhafter Elfe ist. Er zeigt alle böse Eigenschaften, ist heimtückisch, schadenfroh, und, obgleich unersättlich, will doch nichts an ihm gedeihen. Wird Gott erwähnt, so lacht er, sonst aber spricht er nicht, bis er, auf eine besondere Weise genötigt, die Stimme eines uralten Mannes ertönen läßt und sein Alter wohl selbst verrät. Die Neigung zur Musik offenbart sich auch hier, so wie ungewöhnliche Fertigkeit dazu; übernatürliche Kräfte äußern sich in der Macht, womit er alles, selbst unbelebte Dinge, zum Tanz zu nötigen weiß. Wo er ist, bringt er Verderben: Ein Unglück auf das andere erfolgt, das Vieh erkrankt, das Haus stürzt ein, und jede Unternehmung schlägt fehl. Wird er erkannt und bedroht, so macht er sich unsichtbar oder entflieht; er scheut das fließende Wasser, und bringt man ihn über eine Brücke, so springt er hinab, und auf den Wellen sitzend, spielt er sein Instrument und kehrt zu den Seinigen zurück. Er heißt irisch Leprechan*.

Zu gewissen Zeiten, wie am Maiabend, scheinen die bösen Elfen besonders tätig und mächtig; denen, welchen sie feind sind, geben sie unsichtbar einen Schlag, der Lähmung zur Folge hat, oder sie richten ihren Atem gegen sie, und auf der Stelle, wo dieser Anhauch den Menschen berührt, erzeugen sich alsbald Beulen und Geschwüre. Die in besonderer Gunst bei den Elfen zu stehen vorgeben, unternehmen die Heilung solcher Krankheiten durch Zaubermittel und geheimnisvolle Reisen.

DIE BANSHEE

Das Wort wird verschiedentlich erklärt als Haupt der Elfen oder als weiße Frau. Es ist ein weiblicher Geist, der gewissen Familien, doch meist nur von altem oder edlem Stamm, angehört und sich bloß zeigt, um den Tod von einem Glied derselben anzukündigen. Die Banshee erscheint dann in der Nähe des Hauses

---

* Das Wort, genau Préachán oder Priachan geschrieben, soll einen Raben bedeuten.

oder bei dem Fenster, wo der Kranke liegt, schlägt die Hände zusammen und klagt in den jammervollsten Tönen. Sie hat einen weißen, weiten Mantel um und einen Schleier auf dem Kopf.

DER CLURICAUN*

In dieser Eigenschaft unterscheidet sich der Elfe wesentlich von dem Shefro durch sein einsames und täppisches Wesen; man findet den Cluricaun niemals in Gesellschaft, sondern immer für sich allein. Er ist viel körperlicher und zeigt sich am Tag als ein kleines, altes Männchen mit verschrumpftem Gesicht in altmodischer Tracht. Auf seinem erbsenfarbigen Rock sind große Knöpfe, so wie er an großen Metallschnallen auf seinen Schuhen besonders Wohlgefallen zu haben scheint. Einen Hut trägt er auch, aber einen dreieckigen, altfränkisch aufgekrempten. Man haßt ihn seines boshaften Wesens wegen, und sein Name wird als Ausdruck der Verachtung gebraucht. Man bemüht sich, seiner Herr zu werden, und droht ihm gern; manchmal gelingt es, ihn zu überlisten, manchmal ist er verschmitzter und betrügt den Menschen. Er beschäftigt sich mit der Verfertigung von Schuhen und pfeift ein Lied dazu. Wenn ihn der Mensch dabei überrascht, so ist er zwar voll Furcht vor dessen überlegener Stärke, aber mit der Kraft begabt zu verschwinden, wenn es ihm durch List gelingt, es dahin zu brin-

---

* Ein irisches Wort, das der Verfasser durch die Vermutung erklärt, es sei eine Entstellung von Luacharma'n, Zwerg.

gen, daß der Mensch auch nur auf einen Blick die Augen von ihm abwendet.

Der Cluricaun besitzt Kenntnis vergrabener Schätze, entdeckt sie aber nicht eher, als bis er sich aufs höchste gedrängt sieht. Oft hilft er sich noch, wenn der Mensch schon glaubt, ihn ganz in der Gewalt zu haben. Eine gewöhnliche List besteht darin, daß er das Merkmal, wo der Schatz liegt, sei es Strauch, Distel, Stein, Zweig, unendlich vervielfältigt, damit es dem Menschen, der ein Werkzeug herbeigeholt hat, die Erde aufzugraben, nicht weiter als Unterscheidungszeichen dienen kann. Der Cluricaun hat einen kleinen ledernen Beutel mit einem Schilling, welchen er, sooft er auch damit zahlt, immer wiederfindet und welcher „der Glücksschilling" (Sprè na Skillenagh) heißt. Manchmal hat er zwei Beutel bei sich, der eine enthält den Wunderpfennig, der andere eine Kupfermünze; und wird er gezwungen herauszurücken, so reicht er hinterlistig den letztern, dessen Gewicht befriedigend ist, während er bei Untersuchung des Inhalts, wenn das menschliche Auge sich von ihm abwendet, verschwindet.

Sein Vergnügen besteht im Rauchen und Trinken. Er kennt das Geheimnis, das die Dänen sollen nach Irland gebracht haben, Bier aus Heide zu brauen. Kleine Tabakspfeifen von alter Form, die man beim Graben oder Pflügen häufig in Irland findet, besonders in der Nähe jener runden Verschanzungen, dänische Festungen genannt, glaubt man, gehörten den Cluricaunen; und findet man sie zerbrochen oder sonst auf eine Art verstümmelt, so betrachtet man das als eine Art Vergeltung für die Streiche, die ihre angeblichen Eigentümer sollen gespielt haben.

Der Cluricaun zeigt sich aber auch in Verbindung mit den Menschen und gehört dann einer Familie an, mit der er aushält, solange ein Glied davon lebt, die aber gleichfalls seiner nicht loswerden kann. Bei aller Neigung zu boshaften Streichen und Neckereien pflegt er vor dem Hausherrn eine gewisse Achtung zu hegen und ihn mit Rücksicht zu behandeln. Er leistet hilfreiche Hand, verhütet Unglücksfälle, wird aber zornig und aufgebracht, wenn man ihn vergessen und die ihm gebührende Speise nicht an den bestimmten Ort gesetzt hat.

DIE PHOOKA

Es ist schwer, von diesem Geist einen deutlichen Begriff zu geben.* Es liegt etwas Unbestimmtes, immer aber etwas Dunkeles und Nächtliches in seinem Wesen. Man erinnert sich seiner unvollständig, wie eines Traums, ob man gleich den heftigsten Eindruck empfunden hat; gleichwohl kann die Phooka mit Händen berührt werden. Sie zeigt sich als schwarzes Roß, Adler, Fledermaus und läßt den Menschen, dessen sie sich bemächtigt hat und der unfähig ist, den geringsten Widerstand zu leisten, in kurzer Zeit vieles erleben. Sie jagt mit ihm über Abgründe, führt ihn hinaus in den Mond und hinab in die Tiefe des Meeres. Wenn etwas einstürzt, wird es ihr vom Volk zur Last gelegt. Nicht wenige Abgründe und Höhlen in den Felsen

---

* Der Sammler Croker bemerkt, daß das wallisische Gwyll, welches Dunkelheit, Nacht, Schatten, Berggeist bedeute, dem irischen Phooka vollkommen entspreche. Es ist der deutsche Alp.

heißen Phookahöhlen (Poula Phooka), selbst ein Wasserfall, den der Liffey in der Grafschaft Wicklow bildet, hat von ihr seinen Namen. Das Volk verbietet den Kindern, nach Michaelis noch Brombeeren zu essen, und schreibt die Abnahme derselben, welche nach dieser Zeit beginnt, der Phooka zu.

Das Land der Jugend (Thierna na oge)

Unter dem Wasser liegt ein Land, so gut wie oben, wo die Sonne scheint, Wiesen grünen, Bäume blühen, Felder und Wälder abwechseln, Städte und Paläste, nur viel prächtiger und glänzender sich erheben, und das von glücklichen Elfen bewohnt wird. Hat man in dem rechten Augenblick an den Ufern des Sees die rechte Stelle gefunden, so kann man alle diese Herrlichkeiten mit Augen sehen. Einige, die ins Wasser gefallen und, ohne Schaden zu nehmen, dort angelangt sind, haben bei ihrer Heimkehr Bericht abgestattet. Diese Unterwelt heißt das Land der Jugend, weil die Zeit dort keine Macht hat, niemand altert, und wer viele Jahre da unten gewesen ist, den hat es nur ein Augenblick gedeucht. An gewissen Tagen, bei aufgehender Sonne, erscheinen diese Elfen auf der Oberfläche des Wassers, in größter Pracht und in allen Farben des Regenbogens schillernd. Mit Musik und Tanz, in ungezügelter Lust ziehen sie einen bestimmten Weg auf dem Wasser dahin, das unter ihren Füßen sowenig weicht als die feste Erde unter den Tritten der Menschen, bis sie endlich im Nebel wieder verschwinden.

Das stille Volk

Das weisse Kalb

In Tiobrad Árann liegt ein Berg, so seltsam gestaltet wie einer auf der Welt. Seine Spitze besteht aus einer kegelförmigen Kuppe, auf der ein kleines Haus zur Erlustigung in den Sommertagen aufgebaut war, das jetzt auch verödet sein mag.

Bevor man aber jenes Haus baute oder einen Acker besäte, war dort ein geräumiger Weideplatz eingehegt, wo ein Hirte Tag und Nacht seine Herde hütete. Grund und Boden gehörte von alters her den Elfen, und die verdroß es, daß der Rasen, auf dem sie sonst behend und lustig umhergesprungen waren, von den schweren Klauen der Ochsen und Kühe zertreten wurde. Das Gebrüll der Herde klang ihren Ohren unerträglich, und die Königin des Volkes entschloß sich endlich selbst, die Ankömmlinge wieder zu vertreiben. Als die Erntenächte kamen, der Mond über den Berg sein Licht ausgoß, das Vieh still und gesättigt auf dem Boden lag und der Hirte, in seinen Mantel eingewickelt, hin und her sinnend sich der Gesellschaft der Sterne erfreute, die über ihm flimmerten, da zeigte sie sich in verschiedenen, aber immer häßlichen und furchtbaren Gestalten vor ihm tanzend. Einmal erschien sie als ein mächtiges Roß mit Adlerflügeln und einem Drachenschweif, laut zischend und Feuer ausatmend. Plötzlich verwandelte sie sich in ein kleines Männchen, lahm an einem Bein, mit einem Ochsenkopf und von einer lodernden Flamme umkreist. Dann war sie ein großer Affe mit Entenfüßen und schlug ein Rad dazu wie ein welscher Hahn. Aber ich könnte tagelang erzählen, wenn ich sagen sollte, was für Gestalten sie noch annahm. Sie brüllte oder wieherte oder blöckte oder heulte oder krächzte, wie bisher noch niemand auf der Welt hatte brüllen, wiehern, blöcken, heulen oder krächzen hören. Der arme Hirte bedeckte sein Gesicht, aber was half ihm das! Sie hauchte ihn nur einmal an, und das Stück Mantel, das er mit aller Kraft vor die Augen drückte, war weggeblasen; nun stand er da, ohne sich zu rühren; nicht einmal seine Augen konnte er zuschließen: Von unbekannter Macht gefesselt, mußte er diese schrecklichen Gesichte anstarren, bis sich sein Haar aufrecht erhob und die Zähne im Munde klapperten. Das Vieh aber riß wütend aus, als wäre es von Bremsen gestochen, und der Spuk dauerte, bis die Sonne über den Hügel schien.

Die armen Tiere magerten aus Mangel an Ruhe ganz ab, auch wollte das Futter bei ihnen nicht anschlagen; dazu kam ein Unfall auf den andern. Keine Nacht verging, daß nicht einige Stücke in einen Sumpf fielen, lahm wurden und gar umkamen; oder sie gerieten in den Fluß und ertranken. Kurz, die Unfälle nahmen kein Ende, und was die Sache noch schlimmer machte, es war kein Hirte mehr zu finden, der nachts bei dem Vieh bleiben wollte. Eine einzige Erscheinung des Geistes reichte hin, auch dem Unverzagtesten die Besinnung zu rauben. Der Eigentümer des Weideplatzes wußte nicht, was er anfangen sollte. Er bot doppelten, dreifachen, ja vierfachen Sold, aber kein Geld konnte jemand bewegen, dem Grausen sich auszusetzen, das der Anblick des Geistes erregte. Sie selbst freute sich über den glücklichen Erfolg ihres Unternehmens und ließ mit ihren Quälereien nicht nach. Da die Herde immer kleiner wurde und kein Mensch mehr wagte, in dem Bereich der Geister zu verweilen, so kam das stille Volk in großer Anzahl zurück. Jetzt sprangen sie wieder so lustig wie sonst umher, berauschten sich an den Tautropfen der Eicheln und feierten ihre Feste unter den geräumigen Schirmen der Pilze.

Der arme, verwirrte Landmann wußte um sein Leben keinen Rat. Sein Vermögen nahm von Tag zu Tag ab, seine Leute waren in Furcht gejagt, und der Termin, wo er die Pacht bezahlen sollte, rückte herbei. Was Wunder, daß er ganz trübselig aussah und sorgenvoll auf der Landstraße dahinwandelte. Nun lebte in der Gegend ein Mann namens Larry Hoolahan, der blies die Pfeife besser als irgendeiner in fünfzehn Kirchsprengeln. Ein toller Rauschenblatt war Larry, aber sich fürchten, das hatte er noch nicht gelernt. Reichte ihm jemand eine gute Herzstärkung, so nahm er es mit dem Teufel selber auf. Er hätte sich einem wütenden Ochsen entgegengestellt und allein gegen einen ganzen Jahrmarkt geschlagen. Diesem Larry begegnete der Pachter einmal auf seinen sorgvollen Gängen, und auf die Frage, was denn die Ursache seines Kummers sei, erzählte er ihm sein Mißgeschick.

„Wenn's weiter nicht ist", rief Larry, „so gebt Euerm Herze-
leid den Abschied! Wären noch mehr Elfen auf dem Berg als
Kartoffelblüten in Eliogurty, sie sollten mich nicht in Furcht
jagen. Ich müßte ja ein rechter Bärenhäuter sein, ich, der ich
keinen Menschen mit Fleisch und Bein fürchte, wollte ich vor
einem solchen Balg von Gespenst nur daumensbreit zurück-
weichen."

„Rede nicht so frech, Larry", erwiderte der andere, „du weißt
nicht, wer's mit anhört; doch wenn du deine Worte wahr
machst und meine Herde ein Woche auf dem Rücken des Bergs
hütest, so soll deine Hand in meine Schüssel tauchen, so lange,
bis die Sonne zu einem dünnen Lichtchen herabgebrannt ist."

Der Handel ward abgeschlossen, und als der Mond hinter
dem Felsen hervorkam, stieg Larry auf den Berg. Der Pachter
hatte ihm erst vorgestellt, was das Haus vermochte, auch mit
einem frischen Trunk sein Herz gestärkt. Larry nahm oben seinen Sitz auf einem großen Stein unter einer Höhle, den Rücken
gegen den Wind, und holte seine Pfeifen hervor. Er hatte noch
nicht lange darauf geblasen, als sich die Stimme der Elfen
hören ließ, tönend wie ein leiser Strom von Musik. Nun aber
brachen sie in lautes Gelächter aus, und Larry konnte deutlich
einen sagen hören: „Was, wieder ein Mensch in dem Elfen-
kreis? Geh hin, Königin, und laß ihn seine Verwegenheit
fühlen!"

Sie flogen fort, und Larry fühlte, wie sie gleich einem
Mückenschwarm vorbeizogen; als er aufblickte, sah er zwischen sich und dem Mond eine große, schwarze Katze, die auf
den Spitzen ihrer Pfoten stand, einen krummen Buckel machte

und miaute, daß es klang wie das Geräusch einer Wassermühle. Dann schwoll sie auf bis zu den Wolken, und auf ihrem linken Hinterbein sich herumdrehend, wirbelte sie so lange, bis sie auf den Boden fiel, von welchem sie in der Gestalt eines Lachses aufsprang, der eine weiße Binde um den Hals hatte und ein Paar Stulpstiefel an. „Nur zu, mein Schatz", sagte Larry, „willst du tanzen, so will ich pfeifen!", und setzte an. So verwandelte sie sich bald in dieses, bald in jenes Ungeheuer, aber Larry blies immerzu, ohne sich irremachen zu lassen. Zuletzt verlor sie die Geduld, wie Frauen pflegen, auf deren Schelten man nicht achtet, und verwandelte sich in ein Kälbchen, so weiß wie Milch und mit Augen so sanft wie die meiner Liebsten. Sie kam spielend und schmeichelnd herbei und dachte ihn in der Güte von seinem Geschäft abzubringen und ihm dann einen Streich zu spielen; aber Larry war nicht zu überlisten, und als sie herankam, setzte er seine Pfeifen ab und sprang auf ihren Rücken.

Wenn du von dem Gipfel des Elfenberges westwärts nach dem Weltmeer schaust, so erblickst du den königlichen Fluß Shannon, wie er, gleich einer See sich ausbreitend, in stolzem Lauf durch die Stadt Luimneach fließt, um sich endlich mit dem Ozean zu vermischen. Der Mond schien hell und glänzend über das ferne Gebirg. Fünfzig Boote schwammen hin und her auf dem lieblichen Strom, und der Gesang der Fischer stieg fröhlich von den Ufern in die Höhe.

Larry saß, wie ich schon erzählt habe, auf dem Rücken des weißen Kalbs, und die Elfin wollte ihren Vorteil nutzen. Von der Spitze des Bergs sprang sie in einem Satz über den Fluß Shannon hinweg, durchflog in einer Sekunde drei volle Stunden, und sich auf einem entlegnen Damm niederlassend, schlug sie aus und warf Larry auf den weichen Rasen. Aber wie er da lag, sah er ihr gerade in das Gesicht, strich sich über die Haare und rief: „Wahrhaftig gut gemacht! Das war kein schlechter Sprung für ein Kalb!"

Sie betrachtete ihn einen Augenblick, dann nahm sie ihre wahre Gestalt wieder an und sprach: „Larry, du bist ein tüchtiger Bursche, willst du den Weg auch wieder zurück machen?" „Freilich", antwortete er, „wenn Ihr es zufrieden seid." Sie verwandelte sich wieder, Larry setzte sich auf den Rücken des weißen Kalbs, und mit einem zweiten Sprunge waren sie auf der Bergspitze zurück.

Da sprach die Elfin in ihrer natürlichen Gestalt: „Du hast dich so unerschrocken gezeigt, Larry, daß, solange du die Herden hier auf diesem Berg hütest, du weder von mir noch einem der Meinigen sollst gestört werden. Der Tag dämmert, geh hinab zu deinem Herrn und sage ihm das; und wenn du noch sonst einen Wunsch hast, will ich ihn erfüllen." Darauf verschwand sie.

Die Elfin hielt Wort. Solange Larry lebte, zeigte sie sich nicht auf dem Berg. Aber er ward ihr auch nicht durch Bitten lästig. Er blies seine Pfeifen, trank auf seines Herrn Kosten, ruhte sich hinter dem Ofen aus und sah dann und wann nach der Herde. Er starb endlich und ward in einem grünen Tal der schönen Landschaft Tiobrad Árann begraben. Ob das stille Volk nach seinem Tode wieder auf den Berg gezogen ist, kann ich nicht sagen.

DIE ERZÜRNTEN ELFEN

Wer nicht beständig in Furcht vor den Geistern lebt, der tut wohl, gewißlich haben sie dann weniger Gewalt über den Menschen; wer aber gar keine Rücksicht auf sie nimmt oder gar nicht an sie glaubt, der handelt sehr unklug, sei es Mann, Weib oder Kind.

Es heißt mit Recht „An guten Sitten trägt keiner schwer" oder „Artigkeit kostet kein Geld"; und doch gibt es Menschen, die so verstockt sind, daß sie sich einer Artigkeit schämen. Diese sollten sich an Caroll O'Daly ein Beispiel nehmen. Das war ein junger Bursche aus Connacht, groß und stark gewachsen und in seiner Heimat gewöhnlich Teufel Daly genannt.

Er pflegte von einem Orte zum andern zu ziehen, ohne daß irgendeine Furcht ihn zurückhielt. Er ging zu jeder Stunde der Nacht über einen verfallenen Kirchhof oder sonst einen Platz, wo die Elfen gerne hausten. Auch trat er aus einer Wohnung in die andere, ohne das Zeichen des Kreuzes zu machen oder „Glück auf!" zu sagen.

Es begab sich, daß er einmal in der Grafschaft Luimneach umherzog und sich auf dem Weg nach der ehrwürdigen Stadt

Kilmallock befand. Gerade am Fuße von Knockfierna erreichte er einen Mann von würdigem Ansehen, der auf einem weißen Pferdchen dahintrabte. Die Nacht war herangekommen, und nachdem sie sich gegenseitig mit Artigkeit gegrüßt hatten, ritten sie eine Zeitlang nebeneinander her, ohne viel Worte zu wechseln. Endlich fragte Caroll O'Daly seinen Gefährten, wie weit er noch reite.

„Nicht lange mehr Euern Weg", antwortete der Pachter, von dem er das Aussehen hatte, „ich will bloß auf die Spitze des Berges."

„Und was treibt Euch in der Nachtzeit dahin?" fragte O'Daly.

„Wenn Ihr's doch wissen wollt", antwortete der Pachter, „das stille Volk."

„Die Elfen meint Ihr?" rief O'Daly.

„Redet leise!" sagte der andere, „oder es könnte Euch übel bekommen." Mit diesen Worten wendete er sein Pferdchen seitwärts nach einem schmalen Pfad, der den Berg hinaufführte, indem er Caroll gute Nacht und glückliche Reise anwünschte.

‚Der Gesell', dachte Caroll, ‚hat nichts Gutes vor in dieser lieben Nacht, und ich wollte darauf schwören, es treibt ihn zu dieser Stunde etwas ganz anderes auf den Berg als die Elfen oder das stille Volk!'

‚Die Elfen!' wiederholte er. ‚Sollte ein vernünftiger Mensch den kleinen Rotkäppchen nachlaufen? Einige behaupten wohl, daß es solche Geschöpfe gibt, andere leugnen es. Soviel weiß ich aber, daß mich kein Dutzend davon erschrecken sollte, ja keine zwei Dutzend, wenn sie nicht größer sind, als ich sagen höre.'

Während diese Gedanken ihm durch den Kopf gingen, richtete er seine Augen beständig auf den Berg, hinter welchem der Vollmond in aller Pracht aufstieg. Er bemerkte auf einer Erhöhung gerade vor der Mondscheibe die schwarze Gestalt eines Mannes, der ein Pferd leitete, und zweifelte nicht, daß dies derselbe Mann sei, mit dem er des Weges gekommen war.

Der Entschluß, ihm zu folgen, fuhr blitzschnell durch seine Seele; Mut und Neugierde zusammen hatten jede Bedenklichkeit verscheucht. Ein Lied vor sich hin brummend, stieg er ab, band sein Pferd an einen alten Dornstamm und stieg unerschrocken den Berg hinan. Er folgte dem Pfade in der Richtung, die der Mann mit dem Pferdchen genommen hatte; dann und wann erblickte er ihn wieder und nahm ihn zu seinem Ziel. Beinahe drei Stunden lang stieg er mühsam auf dem rauhen und manchmal sumpfigen Pfad, bis er endlich zu einem grünen Rasen auf der Spitze des Berges gelangte, wo er das Pferdchen in aller Freiheit und Ruhe grasen sah. O'Daly schaute sich rings nach dem Reiter um, er war nirgends zu sehen. Bald aber entdeckte er in der Nähe des Pferdchens eine Öffnung in dem Berg, gleich der Mündung eines tiefen Schachts, und erinnerte sich, in seiner Kindheit manche Erzählung von der schwarzen Höhle des Berges Knockfierna gehört zu haben: Sie sei der Eingang zu der Wohnung, welche das stille Volk mitten im Berge innehabe, und einmal sei ein Mann namens Ahern, Landmesser in diesem Teil der Grafschaft, welcher mit einer Schnur versucht habe, die Tiefe der Höhlung zu ergründen, an eben dieser Schnur hinabgezogen worden, ohne daß man je wieder etwas von ihm gehört habe, und manches andere dieser Art.

‚Das sind alte Weibergeschichten!‘ dachte O'Daly, ‚und da ich den weiten Weg gemacht habe, so will ich an die Haustüre klopfen und sehen, ob die Geister daheim sind.‘

Und ohne sich weiter zu bedenken, faßte er einen gewaltigen Stein, so dick, ja so dick als seine beiden Hände, und schleuderte ihn mit aller Kraft in die Öffnung. Er hörte, wie er hinabsprang und von einem Felsen zum andern mit gewaltigem Getöse abprallte; er bog sein Gesicht vor, um zu vernehmen, ob der Stein auf dem Grund niederfiele. Aber derselbe Stein, den er hinabgeworfen hatte, kam mit nicht geringerer Gewalt, als er hinuntergesprungen war, wieder zurück und gab ihm einen solchen Schlag ins Gesicht, daß er, über Hals und Kopf von einer Klippe zur andern taumelnd, den Berg hinabrollte, viel schneller, als er hinaufgestiegen war.

Am folgenden Morgen fand man Caroll O'Daly neben seinem Pferde liegend, seine Haut war geschunden und zerrissen, die Augen geschlossen, und die eingedrückte Nase entstellte ihn auf sein Lebtag.

FINGERHÜTCHEN

Es war einmal ein armer Mann, der lebte in dem fruchtbaren Tale von Aherlow an dem Fuße des finstern Berges Galtymore. Er hatte einen großen Höcker auf dem Rücken, und es sah gerade aus, als wäre sein Leib heraufgeschoben und auf seine Schultern gelegt worden. Von der Wucht war ihm der Kopf so tief herabgedrückt, daß, wenn er saß, sein Kinn sich auf seine Knie zu stützen pflegte. Die Leute in der Gegend hatten Scheu, ihm an einem einsamen Orte zu begegnen, und doch war das arme Männchen so harmlos und friedliebend wie ein neugebornes Kind. Aber seine Ungestaltheit war so groß, daß er kaum wie ein menschliches Geschöpf aussah, und boshafte Leute hatten seltsame Geschichten von ihm verbreitet. Man erzählte sich, er besitze große Kenntnis der Kräuter und Zaubermittel; aber gewiß ist, daß er eine geschickte Hand hatte, Hüte und Körbe aus Stroh und Binsen zu flechten, auf welche Weise er sich auch sein Brot erwarb.

Fingerhütchen war sein Spottname, weil er allzeit auf seinem kleinen Hut einen Zweig von dem roten Fingerhut oder dem Elfenkäppchen trug. Für seine geflochtenen Arbeiten erhielt er einen Groschen mehr als andere, und aus Neid darüber mögen einige wohl die wunderlichen Geschichten von ihm in Umlauf gebracht haben. Damit verhalte es sich nun, wie es wolle, genug: Es trug sich zu, daß Fingerhütchen eines Abends von der Stadt Cahir nach Cappagh ging, und da er wegen des lästigen Höckers auf dem Rücken nur langsam fort konnte, so war es schon dunkel, als er an das alte Hünengrab von Knockgrafton kam, welches rechter Hand an dem Wege liegt. Müde und abgemattet, niedergeschlagen durch die Betrachtung, daß noch ein gutes Stück Weg vor ihm liege und er die ganze Nacht hindurch wandern müsse, setzte er sich unter den Grabhügel, um ein wenig auszuruhen, und sah betrübt den Mond an, der eben silberrein aufstieg.

Auf einmal drang eine fremdartige, unterirdische Musik zu den Ohren des armen Fingerhütchens. Er lauschte, und ihm deuchte, als habe er noch nie so etwas Entzückendes gehört. Es war wie der Klang vieler Stimmen, deren jede zu der andern sich fügte und wunderbar einmischte, so daß es nur eine einzige zu sein schien, während doch jede einen besondern Ton hielt. Die Worte des Gesangs waren diese: „Día Luaín, Día Máirt, Día Luaín, Día Máirt, Día Luaín, Día Máirt." Danach kam eine kleine Pause, worauf die Musik von vorne wieder anfing.

Fingerhütchen horchte aufmerksam und getraute kaum, Atem zu schöpfen, damit ihm nicht der geringste Ton verlorenginge. Er merkte nun deutlich, daß der Gesang mitten aus dem Grabhügel kam, und obgleich anfangs auf das höchste davon erfreut, ward er es doch endlich müde, denselben Rundgesang in einem fort, ohne Abwechslung, anzuhören. Als abermals „Día Luaín, Día Máirt" dreimal gesungen war, benutzte er die kleine Pause, nahm die Melodie auf und führte sie weiter mit den Worten „Agus Día Céadaoin!", dann fiel er mit den Stimmen in dem Hügel ein, sang „Día Luaín, Día Máirt", endigte aber bei der Pause mit seinen „Agus Día Céadaoin".

Die Kleinen in dem Hügel, als sie den Zusatz zu ihrem Geistergesang vernahmen, ergötzten sich außerordentlich daran und beschlossen sogleich, das Menschenkind hinunterzuholen, dessen musikalische Geschicklichkeit die ihrige so weit übertraf, und Fingerhütchen ward mit der kreisenden Schnelligkeit des Wirbelwindes zu ihnen getragen.

Das war eine Pracht, die ihm in die Augen leuchtete, als er in den Hügel hinabkam, rund umher schwebend, leicht wie ein Strohhälmchen, und die lieblichste Musik hielt ordentlich Takt bei seiner Fahrt. Die größte Ehre wurde ihm aber erzeigt, als sie ihn über alle die Spielleute setzten. Er hatte Diener, die ihm aufwarten mußten, alles, was sein Herz begehrte, wurde erfüllt, und er sah, wie gerne ihn die Kleinen hatten; kurz, er wurde nicht anders behandelt, als wenn er der erste Mann im Lande gewesen wäre.

Darauf bemerkte Fingerhütchen, daß sie die Köpfe zusammensteckten und miteinander ratschlagten, und sosehr ihm auch ihre Artigkeit gefiel, so fing er doch an, sich zu fürchten. Da trat einer der Kleinen zu ihm hervor und sagte:

Fingerhut, Fingerhut!
Faß dir frischen Mut!
Lustig und munter,
dein Höcker fällt herunter,
siehst ihn liegen, dir geht's gut,
Fingerhut, Fingerhut!

Kaum waren die Worte zu Ende, so fühlte sich das Fingerhütchen so leicht, so selig, daß es wohl in einem Satz über den Mond
weggesprungen wäre wie die Kuh in dem Märchen von der
Katze und der Geige. Er sah mit der größten Freude von der Welt
den Höcker von seinen Schultern herab auf den Boden rollen. Er
versuchte darauf, ob er seinen Kopf in die Höhe heben könnte,
tat es aber mit Vorsicht und Verstand, aus Furcht, er möchte ihn
an dem Tafelwerk der großen Halle einstoßen. Dann aber
schaute er ringsherum mit der größten Bewunderung und
ergötzte sich an all den Dingen, die ihm immer schöner vorkamen. Zuletzt ward er so überwältigt von der Betrachtung des
glänzenden Aufenthalts, daß ihm der Kopf schwindelte, die
Augen geblendet wurden und er in einen tiefen Schlaf verfiel.

Bei seinem Erwachen war es voller Tag geworden. Die
Sonne schien hell, die Vögel sangen, und er lag gerade an dem
Fuße des Riesenhügels, während Kühe und Schafe friedlich um
ihn her weideten. Nachdem Fingerhütchen sein Gebet gesagt
hatte, war sein erstes Geschäft, mit der Hand nach seinem
Höcker zu greifen, aber es war auf dem Rücken keine Spur davon zu finden, und er betrachtete sich nicht ohne Stolz, denn
aus ihm war ein wohlgebildeter, behender Bursche geworden,

und, was keine Kleinigkeit schien, er sah sich von Kopf bis zu Füßen in neuen Kleidern und merkte wohl, daß die Geister ihm diesen Anzug besorgt hatten.

Nun machte er sich auf den Weg nach Cappagh; er ging so tapfer daher und sprang bei jedem Schritte, als wenn er es sein Lebtag nicht anders gewohnt gewesen wäre. Niemand, der ihm begegnete, erkannte Fingerhütchen ohne den Höcker, und er hatte große Mühe, die Leute zu überreden, daß er es wirklich wäre, und in der Tat, seinem Aussehen nach war er es auch nicht mehr.

Wie es aber zu gehen pflegt, die Geschichte von Fingerhüt-chens Höcker wurde überall bekannt und viel Wesens davon gemacht. Meilenweit in der Gegend redete jedermann, vor-nehm oder gering, von nichts als von dieser Begebenheit.

Eines Morgens saß Fingerhütchen an seiner Haustüre und war guter Dinge. Da trat eine alte Frau zu ihm und sagte: „Zeigt mir doch den Weg nach Cappagh."

„Ist nicht nötig, liebe Frau", antwortete er, „denn das ist hier Cappagh, aber wo kommt Ihr her?"

„Ich komme aus der Gegend von Decie in Port Láirge und suche einen Mann, der Fingerhütchen genannt wird und dem die Elfen sollen einen Höcker von der Schulter genommen ha-ben. Da ist der Sohn meiner Gevatterin, der hat einen Höcker auf sich sitzen, der ihn noch totdrücken wird; vielleicht würde er davon erlöst, wenn er wie Fingerhütchen ein Zaubermittel anwenden könnte. Nun stellt Ihr Euch leicht vor, warum ich so weither gekommen bin; ich möchte, wenn's möglich wäre, etwas von dem Zaubermittel erfahren."

Fingerhütchen, das immer gutmütig gewesen war, erzählte der alten Frau den Hergang ganz umständlich, wie es den Gesang der Elfen in dem Grabhügel fortgeführt, wie sie den Höcker von seinen Schultern weggenommen und wie sie ihm einen neuen Anzug von Kopf bis zu Füßen noch obendrein gegeben hätten.

Die alte Frau dankte tausendmal und machte sich wieder auf den Heimweg, zufriedengestellt und ganz glücklich in ihren Gedanken. Als sie bei ihrer Gevatterin in Port Láirge angelangt war, erzählte sie genau, was sie von Fingerhütchen erfahren hatte. Danach setzte sie den kleinen buckeligen Kerl, der sein Lebelang ein heimtückisches, hämisches Herz gehabt hatte, auf einen Wagen und zog ihn fort. Es war ein langer Weg; ‚aber was tut das‘, dachte sie, ‚wenn er nur den Höcker los wird‘; eben als die Nacht einbrach, langte sie bei dem Riesenhügel an und legte ihn dabei nieder.

Jack Madden, denn das war der Name des Buckeligen, hatte noch gar nicht lange gesessen, so hob schon die Musik in dem Hügel an, noch viel lieblicher als je, denn die Elfen sangen ihr Lied mit dem Zusatz, den sie von Fingerhütchen gelernt hatten: „Día Luaín, Día Máirt, Día Luaín, Día Máirt, Día Luaín, Día Máirt, Agus Día Céadaoin", ohne Unterbrechung. Jack, der nur geschwind seinen Höcker los sein wollte, wartete nicht, bis die Elfen mit ihrem Gesang fertig waren, noch achtete er auf einen schicklichen Augenblick, um die Melodie weiter als Fingerhütchen fortzuführen, sondern als sie ihr Lied mehr als siebenmal in einem fort gesungen hatten, so schrie er, ohne Rücksicht auf Takt und Weise der Melodie und wie er seine Worte passend

anbringen könnte, aus vollem Halse: „Agus Día Diardaoin, Agus Día Haione", und dachte: ‚War ein Zusatz gut, so sind zwei noch besser, und hat Fingerhütchen einen neuen Anzug erhalten, so werden sie mir wohl zwei geben.'

Kaum waren aber die Worte über seine Lippen gekommen, so ward er aufgehoben und mit wunderbarer Gewalt in den Hügel hineingetragen. Hier umringten ihn die Elfen, waren sehr böse, und schreiend und kreischend riefen sie: „Wer hat unsern Gesang geschändet? Wer hat unsern Gesang geschändet?"; einer trat hervor und sprach zu ihm:

Jack Madden, Jack Madden!
Deine Worte schlecht klangen,
so lieblich wir sangen.
Hier bist du gefangen,
was wirst du erlangen?
Zwei Höcker für einen! Jack Madden!

Und zwanzig von den stärksten Elfen schleppten Fingerhütchens Höcker herbei und setzten ihn oben auf den Buckel des unglückseligen Jack Madden, und da saß er so fest, als wenn er mit Zwölfpfennigsnägeln von dem besten Zimmermann, der je Nägel eingeschlagen hat, aufgenagelt wäre. Danach stießen sie ihn mit den Füßen aus ihrer Wohnung, und am Morgen, als Jack Maddens Mutter und ihre Gevatterin kamen, nach dem kleinen Kerl zu sehen, so fanden sie ihn an dem Fuß des Hügels liegen, halbtot, mit einem zweiten Höcker auf seinem Rücken. Sie betrachteten ihn eine nach der andern, aber es blieb dabei;

am Ende ward ihnen Angst, es könnte ihnen auch ein Höcker auf den Rücken gesetzt werden. Sie brachten den armseligen Jack wieder heim, so betrübt im Herzen und so jämmerlich anzusehen als noch je ein paar alte Weiber. Jack, durch das Gewicht des zweiten Höckers und die lange Fahrt erschöpft, starb bald hernach, indem er jedem eine schwere Verwünschung hinterließ, der auf den Gesang der Elfen horchen wollte.

DIE MAHLZEIT DES GEISTLICHEN

Leute, die sich auf solche Dinge verstehen, sagen, das stille Volk sei ein Teil jener aus dem Himmel verstoßenen Engel, die nun auf Erden festen Fuß gefaßt haben, während ein anderer Teil, größerer Sünden wegen, an einen viel schlimmern Ort noch tiefer gesunken sei. Das mag dahingestellt bleiben.

Gegen Ende September war einmal eine muntere Gesellschaft von Elfen versammelt, welche im Glanze des Mondlichtes herumtanzten und ihre wunderlichen Streiche und Sprünge machten. Der Platz lag nicht weit von Inchigeelagh in dem westlichen Teile der Grafschaft Corcaigh, einem armen Dörfchen, von welchem große Berge und dürre Felsen, die es umschließen, allen Wohlstand abhalten. Doch was kümmern sich Elfen, die alles, wonach sie Verlangen tragen, herbeiwünschen können, um die Armut einer Gegend. Sie sorgen nur für einen heimlichen, unbesuchten Platz, wo sich nicht leicht jemand hin verirrt und sie in ihrer Lust stört.

Auf einem weichen grünen Rasen nahe bei des Flusses Rand tanzten die kleinen Gesellen im Kreis, fröhlicher als je; ihre roten Käppchen wackelten bei jedem Sprung in dem Mondschein, und doch waren diese tollen Sprünge so leicht, daß die Tautropfen unter ihren Füßen zwar zitterten, aber nicht auseinanderrollten. So trieben sie ihr wildes Spiel, zogen Kreise umher, wirbelten und zappelten durch die Luft, und auf und nieder tauchend, erschöpften sie ihre Künste, bis endlich einer von ihnen zirpte:

> Geschwind, geschwind, hört auf zu sausen,
> laßt euer tolles, wildes Brausen;
> ich wittre einen, der kommt heran,
> ich wittre einen geistlichen Mann!

Alsbald fuhren sie auseinander, so geschwind als möglich, und steckten sich unter die grünen Blätter des Fingerhuts, denn wo ihre roten Käppchen hervorguckten, da schienen sie nur die dunkelroten Blütenglocken der Pflanze zu sein. Andere verbargen sich in dem Schatten von Steinen und Brombeergesträuch, wieder andere unter das Ufer des Flusses oder sonst in eine Höhle oder Spalte.

Der Elfe hatte sich bei seiner Warnung nicht geirrt, denn auf dem Weg, den man von dem Fluß aus sehen konnte, kam Father Horrigan auf seinem Klepper dahergeritten, und indem er bedachte, daß es schon so spät wäre, entschloß er sich, seiner Reise bei der ersten Hütte, zu der er gelangte, ein Ende zu machen. Er hielt demnach bei dem Hause des Dermod Leary, drückte auf die Klinke, und mit den Worten „Gesegnet sei Alt und Jung!" trat er ein.

Ich brauche nicht zu sagen, daß Father Horrigan überall, wo er eintrat, ein willkommener Gast war, denn in der ganzen Grafschaft war niemand frömmer und mehr geliebt. Nur ein Umstand bekümmerte Dermod: Er hatte dem ehrwürdigen Herrn zu einer Abendmahlzeit nichts anzubieten als ein Gericht Kartoffeln, welche die alte Mutter, so nannte Dermod seine Frau, obgleich sie nicht viel über zwanzig war, in einem Topf zum Feuer gebracht hatte. Ihm fiel ein, daß er sein Netz in den Fluß gestellt hatte; aber da es erst vor kurzem geschehen war, so war wenig Hoffnung vorhanden, einen Fisch darin zu finden. ‚Was tut's‘, dachte Dermod, ‚es kann nichts schaden, wenn ich mich aufmache und nachsehe; wer weiß, vielleicht fängt sich ein Fisch zu dem Abendessen des Herrn, eh ich dort hinkomme.‘

Dermod ging also hinaus nach dem Flusse und fand in dem Netz einen Lachs, so schön, als je einer im Wasser geschnalzt hat. Doch als er sich näherte, um ihn herauszunehmen, ward ihm, er wußte nicht wie und von wem, das Netz aus der Hand gerissen und der Fisch weggenommen, der dahinschwamm, so vergnügt, als wenn gar nichts vorgefallen wäre.

Dermod sah betrübt die Furche an, die der Fisch im Wasser gezogen hatte und die wie ein Silberfaden im Mondlicht glänzte, dann, mit einer ärgerlichen Bewegung seiner rechten Hand und mit dem Fuß auf den Boden stampfend, brummte er zornig: „Ei! So möge das böse Geschick Euch treffen Tag und Nacht, wo Ihr den Fuß nur hinsetzt, um so ein armseliges Ding von einem Fisch! Ihr müßt Euch vor Euch selber schämen, wenn Ihr noch wißt, was Scham heißt, mich auf diese Art hinters Licht zu führen! Euch hat ein anderer geholfen! Fühlte ich nicht, daß mir mit solcher Gewalt das Netz entrissen würde, als hätte es der Teufel selbst in den Klauen?"

„Das ist nicht wahr!" rief einer von den Elfen, der bei der Annäherung des Geistlichen entflohen war und jetzt zu Dermod Leary herauskam, indem ein ganzer Haufen seiner Gesellen ihm auf der Ferse folgte, „es waren bloß anderthalb Dutzend der Unsrigen, die es dir wegrissen."

Dermod starrte voll Verwunderung auf das winzige Geschöpf, das in seiner Rede fortfuhr: „Sorge nicht um die Abendmahlzeit für den geistlichen Herrn, denn wenn du zurückgehen willst und ihm eine Frage von uns vorlegen, so soll er ein Essen haben, so gut, als je eins auf eine Tafel ist aufgetragen worden, und das in weniger als gar keiner Zeit."

„Ich will mit Euch nichts zu schaffen haben", antwortete Dermod rasch und ohne sich einen Augenblick zu besinnen; nach einer Pause fügte er hinzu: „Ich sage Euch Dank für Euer Anerbieten, Herr, aber ich habe keine Lust, für eine Mahlzeit mich an Euch oder Eueresgleichen zu verkaufen, und außerdem weiß ich, Father Horrigan trägt zu viel Sorge für meine Seele, als daß er wünschen sollte, sie auf immer wegen irgendeiner Sache, die Ihr ihm vorsetzen könnt, zu verpfänden. Darum laßt's gut sein!"

Der Kleine aber, ohne sich durch Dermods Äußerungen abhalten zu lassen, hob wieder an: „Willst du dem Geistlichen unsertwegen eine bescheidene Frage vorlegen?"

Dermod besann sich eine Zeitlang und tat recht daran, doch da er überlegte, daß eine solche bescheidene Frage ihm nicht zum Nachteil gereichen könnte, so antwortete er: „Ich sehe keinen Grund, warum ich das nicht tun sollte, aber mit Eurer Mahlzeit will ich mein Lebtag nichts zu schaffen haben."

„Wohlan", sagte das kleine Geschöpf, während die übrigen von allen Seiten sich herzudrängten, „geh und frage Father Horrigan, ob unsere Seelen am Jüngsten Tage begnadigt werden gleich den Seelen guter Christen. Und wenn du es gut mit uns meinst, so bringe uns alsbald seinen Ausspruch zurück."

Dermod ging wieder nach seiner Hütte, wo er die Kartoffeln schon auf den Tisch ausgeschüttet sah. Seine Frau reichte Father Horrigan die größte dar, einen schönen, lachend roten Erdapfel, rauchend wie ein Roß, das in kalter Nacht stark getrabt hat.

„Ehrwürdiger Herr", sagte Dermod nach einigem Zaudern, „erlaubt Ihr mir wohl eine Frage?"

„Was begehrst du zu wissen?" antwortete Father Horrigan.

„Verzeiht mir meine Freiheit, ich möchte wissen, ob die Seelen des stillen Volkes am Jüngsten Tage werden begnadigt werden?"

„Wer hieß dich das fragen?" sagte der Priester und richtete seine Augen so fest auf Dermod, daß dieser davor nicht bestehen konnte.

„Ich will's Euch offenherzig bekennen", antwortete Dermod, „wie ich mein Lebelang getan habe. Das stille Volk selbst hat mich geschickt, Euch die Frage vorzulegen; sie sind zu Tausenden drunten an dem Rand des Flusses und warten auf die Antwort, die ich ihnen bringen soll."

„Geh sogleich wieder hin", sprach der Geistliche, „und sage

ihnen, wenn sie es zu wissen wünschten, so möchten sie selbst zu mir herkommen; ich wollte ihnen auf jede Frage, die sie mir vorzulegen Lust hätten, herzlich gerne Antwort geben."

Dermod ging also wieder zu den Elfen zurück, die gleich um ihn herumschwärmten und wissen wollten, was der Geistliche erwidert hätte. Er trat ohne Furcht mitten unter sie und teilte ihnen die Antwort mit. Als sie aber hörten, daß sie zu dem Geistlichen selbst gehen sollten, flogen sie fort, einige hierhin, andere dorthin, und rauschten an dem armen Dermod so hart und in so großer Menge vorbei, daß er ganz verwirrt wurde.

Als er nach einiger Zeit wieder zu sich selbst kam, ging er nach seiner Hütte zurück und aß seine trockenen Kartoffeln mit Father Horrigan, der wenig aus dem Vorfall machte. Aber Dermod konnte es nicht vergessen, daß der ehrwürdige Herr, dessen Worte Kraft genug hatten, die Elfen in alle Welt zu jagen, nicht ein erträgliches Gericht bei seiner Abendmahlzeit haben sollte und der gute Lachs auf eine so ärgerliche Art ihm aus dem Netz genommen war.

DER KLEINE SACKPFEIFER

Vor noch nicht lange lebte an den Grenzen der Grafschaft Tiobrad Árann ein rechtschaffenes Ehepaar, Mick Flanigan und Judy Muldun, denn dort herrscht die Sitte, daß die Frau den Namen ihrer Familie fortführt. Diese armen Leute hatten vier Kinder, alle Knaben. Drei davon waren so schöne, wohlgewachsene, gesunde, frisch aussehende Kinder, als die Sonne je beschienen hat, und es war genug, einen Irländer auf das Geschlecht seiner Heimat stolz zu machen, daß er an einem hellen Sommertag zu Mittagszeit diese drei Knaben erblickte, wie sie vor der Haustüre ihres Vaters standen mit dem prächtigen Flachshaar, das gelockt von dem Kopf herabhing, und eine dicke, lachende Kartoffel einem jeden in der Hand dampfte. Stolz war Mick auf diese schönen Kinder, und Judy war auch stolz darauf, und beide hatten Recht genug dazu. Aber ganz anders verhielt es sich mit dem noch übrigen, welcher der dritte von oben war. Das war der erbärmlichste, häßlichste und mißgeschaffenste Wicht, dem Gott noch je Leben verliehen hatte, so ungestalt, daß er nicht fähig war, allein zu stehen oder seine Wiege zu verlassen. Er hatte langes, strup-

pichtes, verfitztes rabenschwarzes Haar, eine grüngelbe Ge-
sichtsfarbe, Augen wie feurige Kohlen, die immer hin und her
blickten und in beständiger Bewegung waren. Ehe er zwölf
Monat alt war, stand ihm der Mund schon voll großer Zähne,
seine Hände glichen Katzenkrallen, seine Beine waren nicht
dicker als ein Peitschenstiel und nicht gerader als eine Sichel.
Und was die Sache noch schlimmer machte, er hatte den Ma-
gen von einem Vielfraß, und sein Mund hörte nicht auf zu bellen, zu kreischen und zu heulen. Die Nachbarn schöpften Arg-
wohn, es möchte nicht ganz richtig mit ihm sein, besonders als
sie beobachteten, wie er sich betrug, sobald von Gott oder andern frommen Dingen die Rede war. Wenn dies, nach der Sitte
des Landes, abends beim Feuer geschah, in dessen Nähe die
Mutter gewöhnlich seine Wiege gestellt hatte, damit der Balg
recht warm liege, so pflegte er mitten in diesem Gespräch sich
aufzusetzen und zu heulen, nicht anders, als ob der Teufel
selbst in ihm steckte. Sie ratschlagten deshalb einmal gemeinschaftlich, was mit ihm anzufangen wäre. Einige meinten, man
sollte ihn auf eine Schaufel setzen, aber das litt Judys Stolz
nicht. ‚Das wäre schön!' dachte sie, ‚mein leibliches Kind auf
eine Schaufel legen und hinaus auf den Mist werfen wie eine
tote Katze oder eine vergiftete Ratte! Nein, davon will ich nichts
hören!' Ein altes Weib, von dem bekannt war, daß es sich auf
das Hexenwesen wohl verstand, sprach: „Ich will Euch einen
sichern Rat geben; leg die Zange ins Feuer, bis sie glutrot ist,
und packt seine Nase damit; dann ist er gezwungen zu sagen,
wer er ist und woher er kommt, darauf könnt Ihr Euch verlassen." Denn sie glaubten alle, der Balg sei von dem stillen Volke

vertauscht worden. Aber Judy hatte ein zu gutes Herz und liebte das Teufelchen zu sehr, als daß sie hätte dazu einwilligen können, obgleich ein jeder sagte, daß sie nicht recht handelte. Nachdem der eine dies, der andere jenes vorgeschlagen hatte, sagte zuletzt eines, man sollte nach dem Geistlichen, einem frommen und gelehrten Mann, senden, daß er das Kind besähe; dagegen hatte zwar Judy nichts einzuwenden, aber immer, wenn sie in Begriff war, es zu tun, kam etwas dazwischen, und das Ende war, daß der Geistliche das Kind niemals sah.

Eine Zeitlang blieb es daher in dem alten Gleise. Der Balg, kreischend und heulend, aß mehr als seine drei Brüder zusammen. Streiche aller Art führte er aus, und die boshaftesten waren ihm die liebsten. Endlich trug es sich zu, daß ein im Lande umziehender blinder Sackpfeifer, Tim Carrol genannt, hereingerufen wurde und sich zu der Hausfrau beim Feuer niedersetzte, ein wenig zu schwätzen. Nach einiger Zeit holte Tim, der mit seiner Musik gerade nicht zurückhaltend war, die Pfeifen hervor und begann, gewaltig zu lärmen. In demselben Augenblick richtete sich das kleine Ding, das bisher in seiner Wiege mäuschenstill gelegen hatte, in die Höhe, grinste und verdrehte sein garstiges Gesicht, focht mit seinen langen braungelben Armen in der Luft umher, streckte seine krummen Beine heraus, kurz, gab alle Zeichen der größten Freude über die Musik von sich. Es hatte auch nicht eher Ruhe, als bis es die Pfeifen in seine eigenen Hände bekam, und um ihm den Spaß zu machen, sagte die Mutter zu Tim: „Gib sie ihm auf einen Augenblick." Tim, der die Kinder gern hatte, war sogleich bereit dazu; weil er aber des Gesichts beraubt war, so nahm Judy selbst das Instrument, brachte es dem Kind zu der Wiege und wollte es ihm vorhalten: Aber das war nicht nötig, der Kleine schien sich schon vollkommen darauf zu verstehen. Er setzte die Pfeife an, nahm Balg und Säcke unter die Arme und handhabte beides, als wäre er schon zwanzig Jahre dabeigewesen, und blies ein wohlbekanntes Lied, daß es eine Art hatte. Jedermann war im größten Erstaunen, und die arme Mutter bekreuzigte sich; aber Tim, der seiner Blindheit wegen nicht recht wußte, wer bliese, geriet außer sich vor Freude, und als er vernahm, daß der kleine Duckmäuser noch nicht fünf Jahre alt war und sein Lebtag keine Pfeifen gesehen hatte, wünschte er der Mutter Glück zu ihrem Sohn. „Könnt Ihr Euch von ihm trennen, so will ich ihn aus Euern Händen zu mir nehmen, das ist ein geborner Pfeifer, ein Musikus von Natur; noch ein bißchen guter Unterricht bei mir, so gibt's seinesgleichen in der ganzen Grafschaft nicht mehr." Die arme Frau, in der größten Freude über alles, was sie da hörte, besonders was Tim von natürlichen Gaben sagte, beschwichtigte einige Besorgnisse, die sich in ihren Gedanken erhoben. ‚So ist doch nicht wahr', dachte sie, ‚was die Nachbarn zu verstehen gaben, und es freut mich, daß mein liebes Kind einmal nicht nötig hat herumzuziehen und zu betteln, sondern ehrlich sein Brot verdienen kann.'

Als abends Mick von der Arbeit heimkam, erzählte sie ihm alles, was sich zugetragen und Tim Carrol gesagt hatte. Mick war natürlicherweise sehr erfreut über das, was er zu hören bekam, denn der hilflose Zustand des armen Geschöpfs war ihm ein großer Kummer. Den folgenden Tag trieb er ein Schweinchen auf den Markt, und mit dem Erlös ging er nach

Clommel und bestellte funkelneue Pfeifen von passender
Größe für das Kind. Nach vierzehn Tagen kamen sie an; in
demselben Augenblicke richtete auch das kleine Ungeheuer
seine Blicke darauf, schrie vor Vergnügen, zappelte mit seinen
erbärmlichen Gliedmaßen, tobte in der Wiege und wackelte
auf eine lächerliche Art herum, bis sie ihm, damit er nur ruhig
wurde, die Pfeifen gaben. Alsbald setzte er sie an und spielte
ein Lied zur Verwunderung aller, die es anhörten. Der Ruf von
seiner Geschicklichkeit verbreitete sich nah und fern, denn in
den sechs nächsten Grafschaften war niemand imstande, ihm
es nachzutun, wenn er die alten beliebten Lieder und Reigen
wie „Der Has im Korn" oder „Der Fuchsjäger" oder jene artigen
irischen Tänze aufspielte, bei welchen jedermann tanzen muß,
er mag wollen oder nicht. Man erstaunte, wenn er „Die Fuchsjagd" vorschnarrte; es war nicht anders, als hörte man die Rü-
den anschlagen, die Hetzhunde hinterdrein bellen, die Jäger
und die Peitscher loben oder strafen; kurz, es war fast ebenso-
gut, als sähe man die Jagd selbst. Dabei kargte er gar nicht mit
seiner Musik, und die Burschen und Mädchen pflegten oft in
seines Vaters Hütte zu tanzen. „Wenn er Musik macht", sagten
sie, „ist's, als ob wir Quecksilber in die Füße bekämen, und bei
keinem andern läßt es sich so leicht und lustig tanzen."

Außer dieser artigen irischen Musik hatte er noch eine ganz
wunderliche, ihm allein eigene Weise, die seltsamste, die man
je mit Ohren gehört hat. In dem Augenblick, wo er sie zu spielen begann, schien jedes Ding im Haus Lust zum Tanz zu bekommen. Teller und Schüsseln klapperten auf dem Küchen-
tisch, Töpfe und Henkel raschelten an dem Herd, und wer auf

dem Stuhl saß, wurde von derselben Neigung getrieben, welche der Stuhl unter ihm empfand. Wie sich das nun auch mit den Stühlen verhalten mochte, soviel ist gewiß, niemand konnte sich lange auf dem Sitz behaupten, denn beides, Alt und Jung, fiel in tollen Sprüngen zur Erde nieder. Die Mädchen klagten, daß, wie er nur diese Weise anfange, sie zum Tanz getrieben würden und, ohne ihre Füße länger in der Gewalt zu haben, auf den Boden niederfielen, als tanzten sie auf glattem Eis, und jeden Augenblick in Gefahr wären, auf ihrem Rücken oder ihrem Angesicht herumzuzappeln. Und die jungen Burschen, die ihre Geschicklichkeit zeigen wollten, ihre neuen Tanzschuhe, ihre glänzenden roten, grünen oder gelben Strumpfbänder, schworen, daß sie nicht imstande wären, ihre kunstreichen Tänze und Wendungen herauszubringen, sondern sich alsbald ganz betäubt und verwirrt fühlten. Alt und Jung stießen und prallten aneinander, daß es zum Erbarmen war, und wenn dann alles auf der Flur durcheinanderwirbelte, so grinste der unselige Wechselbalg, kicherte und ächzte, gerade wie ein Affe, wenn er ein Schelmenstück ausgeführt hat.

Je älter, je schlimmer ward er, und als er erst sechs Jahr alt war, war das ganze Haus in der Flucht vor ihm; er stellte es immer an, daß seine Brüder sich am Feuer verbrannten oder mit siedendem Wasser begossen oder ihre Beine über Töpfen und Stühlen zerbrachen. Im Herbst, wenn er allein daheim gelassen wurde und seine Mutter kam nach Haus, so fand sie die Katze auf dem Rücken des Hundes sitzen, mit dem Gesicht nach dem Schwanz, und die Beine waren ihr fest angebunden. Dazu blies das Alräunchen seine tolle Weise, so daß der Hund

heulend umhersprang und Misekätzchen um sein liebes Leben
miaute und sein Schwänzchen auf und nieder schlug; und
berührte es damit des Hundes Schnauze, so schnappte dieser
danach und biß hinein, und das war dem Balg eine Herzenslust. Ein andermal, als Mick bei der Arbeit war, trug es sich zu,
daß ein ehrbarer Mann eintrat. Judy wischte einen Stuhl mit
ihrer Schürze ab und sagte: „Setzt Euch nieder und ruht Euch
von Euerm Wege aus." Der Mann setzte sich mit dem Rücken
gegen die Wiege, hinter ihm stand eine Pfanne mit Blut, da
Judy Würste machen wollte; das kleine Scheusal lag still in seinem Nest und wartete die Gelegenheit ab, bis es einen an dem
Ende einer Schnur befestigten Haken behend und geschickt in
die Zöpfe der zartgekräuselten Perücke, welche der Mann trug,
werfen konnte, und dann zog er sie daran herab in die Pfanne
mit Blut. Ein andermal hatte seine Mutter die Kuh gemolken
und kam mit dem Eimer Milch auf dem Kopf; sowie er sie sah,
hob er seine teuflische Musik an, und in demselben Augenblick
ließ die arme Frau den Eimer los, klatschte die Hände zusammen, fing an zu tanzen und goß die ganze Milch ihrem Mann
auf den Kopf, der eben Torf herbeibrachte, das Essen daran zu
kochen. Es würde kein Ende nehmen, wenn man alle seine
boshaften Streiche erzählen wollte.

Bald darauf ereignete sich an dem Vieh des Pachters ein Unfall nach dem andern. Das Pferd bekam den Schwindel, ein
hübsches Kälbchen konnte sich nicht mehr auf den Beinen erhalten, die Kuh ward bösartig und trat den Milcheimer um, und
die Decke von einem Ende der Scheune fiel herab. Der Pachter
setzte sich in den Kopf, daß das unglückliche Kind des Mick

schuld an allem diesem Unheil wäre. Eines Tages rief er Mick zu sich und sprach: „Ihr seht selbst, es geht nicht so zu, wie es sollte, und um es geradeheraus zu sagen, ich glaube, Euer Kind ist die Ursache davon. Ich komme immer weiter herunter und lege mich keinen Abend in mein Bett, ohne zu denken, was wird dir nun morgen wieder begegnen. Es wäre mir daher lieb, wenn Ihr Euch nach einer andern Arbeit umschauen wolltet; Ihr seid ein Mann, so brav als einer im Land, und Ihr braucht um Arbeit nicht verlegen zu sein." Mick antwortete, er sei selbst voll Kummer über die Unglücksfälle, er habe sich auch schon Gedanken über das Kind gemacht, das doch einmal sein Kind sei und für das er also auch Sorge tragen müsse. Er versprach auch, sich alsbald nach einer andern Stelle umzusehen.

Demnach machte Mick den nächsten Sonntag in der Kirche bekannt, daß er willens sei, die Arbeit des John Riordan aufzugeben, und sogleich kam ein Pachter, der in einer Entfernung von einigen Meilen wohnte und gerade einen Ackermann suchte, zu Mick und bot ihm Haus und Garten an und Arbeit für das ganze Jahr. Mick, der wußte, daß dies eine gute Stelle war, schloß ohne weiteres seinen Vertrag mit ihm, und es ward verabredet, daß der Pachter einen Karren senden sollte, sein bißchen Hausrat darauf zu laden, und dann wollte er künftigen Donnerstag dort einziehen. An dem bestimmten Tag kam der versprochene Wagen, Mick belud ihn mit dem Hausgerät und stellte die Wiege, worin das Kind mit seinen Pfeifen lag, zuletzt obenauf; Judy setzte sich daneben, um achtzuhaben, damit es nicht herausrolle und sich totstürze. Die Kuh trieben sie vor sich her, der Hund folgte nach, die Katze aber mußte zurückbleiben. Die drei andern Kinder liefen nebenher und suchten sich Hagebutten und Brombeeren, denn es war ein schöner Tag im Spätherbst.

Sie mußten über einen Fluß, den sie, weil er zwischen hohen Ufern in der Tiefe sein Bett hatte, nicht eher sehen konnten, als bis sie nahe dabei waren. Ein paar Tage vorher war ein anhaltender Regen gefallen, der Fluß angeschwollen, und das Wasser rauschte stark. Als sie die Brücke betraten, richtete sich der Wechselbalg, der bisher ganz ruhig in seiner Wiege gelegen hatte, bei dem Rauschen der Wellen in die Höhe und schaute sich um; und als er das Wasser sah und bemerkte, daß sie im Begriff waren, darüber zu gehen, so fing er an aufzukreischen und zu ächzen. „Stille, mein Söhnchen“, sagte Judy, „du brauchst dich nicht zu fürchten, ich sage dir, wir gehen über eine steinerne Brücke.“ – „Daß du versauern möchtest, altes Gerippe!“ rief er, „da habt ihr einen saubern Streich gemacht, mich hierher zu bringen!“ Dabei fuhr er fort zu heulen, und je weiter sie auf der Brücke kamen, desto lauter ward seine Stimme. Endlich gab ihm Mick, der es nicht länger aushalten konnte, einen tüchtigen Streich mit der Peitsche, die er in der Hand hielt, und rief: „Der Teufel stopfe dir das Maul, du Klotzkopf, willst du dein Geschrei lassen! Kein Mensch kann ja sein eigens Wort vor dir hören.“

In dem Augenblick, wo der Junge den Peitschenriemen fühlte, erhob er sich in der Wiege, nahm die Pfeifen in den Arm, grinste Mick boshaft an und sprang behend über das Geländer der Brücke in den Fluß hinab. „O mein Kind! Mein Kind!“ schrie Judy. „Es ist verloren auf immer!“ Mick und die andern

Kinder liefen auf die andere Seite der Brücke und schauten und sahen ihn unter dem Brückenbogen hervorkommen, wie er mit kreuzweis geschlagenen Beinen oben auf einer weißhauptigen Welle saß und seine Pfeifen so lustig blies, als wenn nichts vorgefallen wäre. Das Wasser strömte heftig, er wurde gewaltsam fortgewirbelt, doch er spielte so schnell, ja noch schneller, als der Strom rann. Sie liefen zwar, so geschwind sie konnten, nebenan dem Ufer mit, aber da sich der Fluß ein paar hundert Schritte unter der Brücke plötzlich um den Berg drehte, verloren sie ihn aus dem Gesicht, und keiner hat ihn je wieder mit Augen erblickt. Jeder glaubte nicht anders, als daß er zu den Seinigen, dem stillen Volke, heimgegangen sei, um ihnen Musik zu machen.

Die Brauerei von Eierschalen

Frau Sullivan fürchtete, die Elfen hätten ihr jüngstes Kind gestohlen und ein anderes an seine Stelle gelegt, und gewisse Anzeigen schienen auch den Verdacht zu bestätigen, denn ihr gesundes, blauäugiges Kind war in einer einzigen Nacht zu einem armen Wicht zusammengeschrumpft, der unaufhörlich schrie und heulte. Die arme Frau Sullivan ward dadurch recht unglücklich, und alle die Nachbarn, mit denen sie über diese Angelegenheit sprach, sagten, daß ihr eigenes Kind ohne allen Zweifel bei dem stillen Volke sich befände und eins aus diesem dafür hingelegt worden wäre.

Frau Sullivan mußte wohl glauben, was jedermann sagte, aber ein gewaltsames Mittel wollte sie doch nicht anwenden. Obgleich sein Gesicht verwelkt, sein Leib fast zu einem Gerippe abgemagert war, so hatte es doch eine bestimmte Ähnlichkeit mit ihrem eigenen Kind, und sie konnte sich nicht entschließen, es lebendig auf einen glühenden Rost zu legen oder seine Nase mit einer glühenden Zange zu zwicken oder es in den Schnee neben den Weg zu legen, ob ihr gleich diese und ähnliche Mittel angelegentlich empfohlen wurden, um ihr Kind wieder zurückzuerhalten.

Eines Tages begegnete sie einer weisen Frau, unter dem Namen der Ellen Liath, der Lene mit dem grauen Haar, in der Gegend wohlbekannt. Sie hatte die Gabe (wie sie auch immer mochte dazu gelangt sein) zu sagen, wo der Tod umgehe und was für die Ruhe der Seelen gut sei. Sie konnte Warzen und Kröpfe heilen und manches andere Wunder dieser Art vollbringen.

„Ihr seht mir heute so trübselig aus, Frau Sullivan", waren die ersten Worte der grauen Ellen.

„Das geht natürlich zu, Ellen", antwortete Frau Sullivan, „mein eigenes liebes Kind ist mir ohne weiteres aus der Wiege geholt worden und ein häßliches, winziges, eingeschrumpftes Ding von den Elfen an seine Stelle gelegt; kein Wunder, daß Ihr mich voll Sorgen seht."

„Das macht Euch keine Schande, Frau Sullivan", sagte Ellen, „aber seid Ihr auch gewiß, daß es die Elfen getan haben?"

„Freilich!" erwiderte Frau Sullivan, „gewiß genug zu meinem Leidwesen; und darf ich meinen beiden Augen nicht trauen? Jedes Mutterherz müßte es an meiner Stelle fühlen."

„Wollt Ihr den Rat einer alten Frau annehmen?" sagte die graue Ellen, indem sie die unglückliche Mutter mit einem seltsamen, geheimnisreichen Blick anschaute und nach einigem Stillschweigen hinzufügte: „Doch Ihr werdet ihn vielleicht töricht nennen."

„Kann ich mein Kind zurückerhalten, mein eigenes liebes Kind, Ellen?" fragte Frau Sullivan mit großer Bewegung.

„Wenn Ihr tut, wie ich Euch sage", antwortete Ellen, „so

werdet Ihr's erfahren." Frau Sullivan schwieg voll Erwartung, und die Alte fuhr fort: „Setzt einen Kessel mit Wasser über das Feuer und laßt es sieden, dann holt ein Dutzend frischgelegter Eier, schlagt sie auf und nehmt die Schalen; das übrige schüttet weg. Wenn das getan ist, so werft die Schalen in den Kessel mit dem siedenden Wasser, und dann werdet Ihr bald erfahren, ob es Euer eigen Kind ist oder eine Elfe. Findet Ihr aber, daß es ein Wechselbalg ist, so nehmt die glühende Feuerzange und stoßt sie ihm in seinen garstigen Rachen, und er soll Euch weiter keinen Verdruß machen, dafür stehe ich Euch."

Frau Sullivan ging heim und folgte dem Rat der grauen Ellen. Sie setzte den Kessel über das Feuer, legte Torf genug unter und brachte das Wasser in ein gewaltiges Sieden und Sprudeln.

Das Kind lag zum Erstaunen still und ruhig in der Wiege, doch jetzt, bei dem Anblick des großen Feuers und des Kessels mit Wasser darüber, riß es die Augen auf, die wie Sterne in einer Winternacht funkelten. Es sah mit großer Aufmerksamkeit zu, als Frau Sullivan die Eier aufschlug und die Schalen in das siedende Wasser warf. Endlich fragte es, und es klang wie die Stimme eines alten Mannes: „Was macht Ihr da, Mutter?"

Der Frau war, wie sie selbst sagte, zumut, als ob ihr der Atem genommen würde, wie sie das Kind sprechen hörte. Doch sie beschäftigte sich nur damit, das Eisen in die Glut zu legen, und antwortete, ohne ein Erstaunen über die Worte zu zeigen: „Ich braue, mein Sohn."

„Und was braut Ihr, Mutter?" fragte der Balg, dessen natürliche Gabe zu sprechen außer allen Zweifel gesetzt hatte, daß er von den Elfen abstammte.

‚Wäre nur das Eisen schon glühend!' dachte Frau Sullivan; aber das erforderte einige Zeit, und sie entschloß sich, ihn im Gespräch aufzuhalten, bis das Eisen geschickt wäre, durch seine Kehle zu fahren. Sie wiederholte deshalb die Frage: „Du willst wissen, was ich braue, mein Söhnchen?"

„Ja, Mutter", sagte er, „was braut Ihr?"

„Eierschalen, mein Söhnchen."

„Ach", schrie das Teufelchen laut auf, richtete sich in der Wiege in die Höhe und schlug die Hände zusammen, „ich bin fünfzehnhundert Jahre auf der Welt und habe niemals gesehen, daß man Eierschalen braut!"

Indessen war das Eisen glühend geworden. Die Frau ergriff es und eilte damit nach der Wiege, aber wie es nun geschah, sie glitt mit dem Fuß aus, fiel auf den Boden, und das Eisen fuhr aus ihrer Hand in die andere Ecke des Hauses. Sie raffte sich jedoch geschwind auf und lief zu der Wiege in der Absicht, den verwünschten Balg, der darin lag, in das siedende Wasser zu werfen. Doch was erblickte sie darin? Ihr eigenes Kind in süßem Schlafe, eins seiner weichen, runden Ärmchen auf das Kopfkissen gelegt, und seine Züge waren so mild, als wenn es niemals in seiner Ruhe wäre gestört worden, bloß der rote Mund ward von einem reinen und sanften Atem bewegt.

Wer kann beschreiben, was eine Mutter fühlt, die auf ihr schlafendes Kind blickt! Und diese hier erhielt eben den lang verlornen Knaben wieder. Du kannst denken, daß ihr stillschweigends die Tränen über die Wangen liefen und sie sich keine Mühe gab, sie zurückzuhalten, denn sie weinte vor Freude.

DIE BEIDEN GEVATTERINNEN

In Minane bei Tracton, das etwa fünf Stunden südlich von Corcaigh liegt, lebte ein junges Ehepaar, namens MacDaniel, und sie hatten ein so schönes, wohlaussehendes Kind, daß die Elfen Lust bekamen, es zu sich zu holen und einen Wechselbalg an seine Stelle zu legen. Doch Frau MacDaniel hatte eine Gevatterin namens Norah Buckeley, und die ging gerade bei dem Hause, worin die beiden lebten (es war eben neu mit Schiefern gedeckt und hatte ein neues Schild erhalten), in der Abenddämmerung vorbei. ‚Es ist zu spät‘, dachte sie, ‚um einzutreten und mich nach der Gevatterin Befinden zu erkundigen.‘ Sie hatte noch eine gute Stunde zu gehen, überdies bemerkte sie, daß die Elfen ausgezogen waren, denn den Weg von Carrigaline war vor ihr ein Wirbel nach dem andern aufgestiegen, das sicherste Zeichen von einem Aufbruch und Umzug des stillen Volkes, und es tat ihr in den Beinen weh, sich so oft neigen zu müssen.

Indessen, als Norah vor dem Hause ihrer Gevatterin war, blieb sie einen Augenblick stehen und sprach vor sich hin: „Gott laß es ihr wohl ergehen!“ Kaum hatte sie diese Worte ausgesprochen, so sah sie, daß sich eins von den Fenstern öffnete und das schöne Kind ihrer Gevatterin eilig herausgereicht wurde; sie konnte, und wenn es ihr Leben gekostet hätte, nicht sagen, wie oder von wem. Sie ließ sich aber nicht abhalten, herbeizugehen und das Kind in Empfang zu nehmen. Sie wickelte es aufs beste in ihren Mantel und eilte damit nach Haus.

Am folgenden Morgen machte sie sich auf, um nach ihrer Gevatterin zu sehen; die klagte und jammerte über die Veränderung ihres Kindes, die ganze Nacht sei sie von seinem Geschrei aufgeweckt worden und es mit nichts in der Welt zu beruhigen gewesen.

„Ich will Euch sagen, was Ihr mit dem Balg anfangen müßt", sagte Norah, „streicht ihn erst mit einer Rute, dann tragt ihn hinaus auf den Kreuzweg und laßt ihn da in dem Graben liegen, wo ihn holen kann, wer Lust hat. Wißt, ich habe Euer leibliches Kind gesund und wohl daheim bei mir, in der letzten Nacht ist es mir aus Euerm Fenster herausgereicht worden."

Als die Mutter das hörte, geriet sie ins größte Erstaunen und ging hinaus, eine Rute zu holen. Kaum aber kehrte sich die Gevatterin um und schaute umher, so war der Elfe fort, und weder sie noch des Kindes Mutter sahen ihn wieder, noch konnten sie erfahren, auf welche wunderbare Weise er verschwunden war.

Frau MacDaniel lief in aller Eile in das Haus ihrer Gevatterin, fand da ihr eigenes Kind, nahm es mit sich nach Haus, und es ist zu dieser Zeit ein feiner junger Mann.

DIE FLASCHE

In den guten Tagen, wo das stille Volk sich noch häufiger sehen ließ als jetzt, in dieser ungläubigen Zeit, lebte ein Mann, Mick Purcell, der einige Acker schlechtes und unfruchtbares Land gepachtet hatte, in der Nachbarschaft der ehemals so berühmten Pfründe von Mourne, anderthalb Stunden von Mallow und sieben von Corcaigh. Mick hatte Frau und Kinder; sie taten, was in ihren Kräften stand; das war freilich nicht viel, denn es war noch kein Kind so weit herangewachsen, daß es dem armen Manne bei seiner Arbeit helfen konnte, und die gute Frau besorgte die Kinder, melkte die Kuh, kochte Kartoffeln und trug die Eier nach Mallow; doch wie sie auch schafften, es war kaum genug, um die Pacht zu zahlen.

Sie schickten sich eine Zeitlang, so gut es gehen wollte, in die Umstände; doch zuletzt kam ein schlechtes Jahr, das bißchen Hafer verdarb, die Hühnchen verkümmerten, das Schwein magerte ab und wurde beinahe für nichts zu Mallow verkauft; und der arme Mick fand, daß er nicht genug hatte, um die Hälfte des Pachtgeldes zu zahlen, und zwei Termine war er schon schuldig.

„Was sollen wir nun anfangen, Molly?" fragte er.

„Was wir anfangen sollen?" antwortete sie. „Treib unsere Kuh auf den Markt nach Corcaigh und verkaufe sie dort. Montag ist Markttag, da mußt du frühe gehen, damit das arme Tier sich verschnauft, ehe es auf den Markt kommt."

„Und was sollen wir anfangen, wenn sie fort ist?" sagte Mick bekümmert.

„Das weiß ich nicht, Mick, doch gewißlich wird uns Gott nicht verlassen, und du weißt doch, wie gütig er gegen uns war, als der kleine William krank lag und wir gar nichts für ihn hatten? Der Doktor von Ballydahin, der sanfte, feine Mann, kam geritten und verlangte einen Trank Milch; er gab uns zwei Schillinge, schickte die Arzneien für das Kind und was es sonst nötig hatte und gab mir jedesmal etwas zu essen, wenn ich kam, ihn um Rat zu fragen, den er mir niemals versagte; er kam auch und sah nach dem Kind und hörte mit seinen Wohltaten nicht auf, bis es ganz gesund war."

„Du denkst immer so, Molly, und ich glaube, du hast recht, darum will ich mir auch über den Verkauf der Kuh keine Sorgen machen. Ich will morgen gehen, du mußt aber Nadel und Zwirn nehmen und meinen Rock flicken, er ist unter dem Arm aufgerissen."

Molly versicherte, daß sie alles in Ordnung bringen wollte; den folgenden Tag schickte er sich an, und sie schärfte ihm beim Abschied ein, die Kuh nicht anders zu verkaufen als um den höchsten Preis. Mick versprach, es nicht zu vergessen, und machte sich auf den Weg. Er trieb die Kuh langsam durch den kleinen Fluß, der den Weg durchschneidet und unter den alten

Mauern von Mourne hinrinnt. Als er vorbeikam, fielen seine Augen auf die Türme und einen von den alten Holunderstämmen, die damals wie kleine Gerten aussahen.

„Ja", rief er aus, „hätte ich nur die Hälfte des Geldes, das unter euch begraben liegt, so brauchte ich die arme Kuh nicht dahin zu treiben! Ist's nicht ein Jammer, daß es unter der Erde ruht, während noch andere als ich es entbehren müssen! Nun, wenn's Gottes Wille ist, so komme ich mit etwas Geld in der Tasche zurück."

Mit diesen Worten trieb er sein Vieh weiter. Es war ein schöner Tag, und die Sonne schien glänzend auf die Mauern der alten Abtei, als er daran vorbeikam. Der Weg führte über eine Reihe allmählich aufsteigender Berge, bis er nach drei Stunden auf die Spitze der Anhöhe (die jetzt Flaschenberg heißt, aber damals den Namen noch nicht führte) gelangte, an welcher Stelle ihn jemand einholte. „Guten Morgen!" sagte dieser. „Guten Morgen!" antwortete Mick freundlich und sah sich nach dem Fremden um; es war ein kleines Männchen, daß man ihn einen Zwerg hätte nennen können, doch war er nicht ganz so klein. Er hatte ein altes, verschrumpftes, gelbliches Antlitz, das genau wie welker Blumenkohl aussah, dabei eine dünne, kleine Nase, rote Augen und weiße Haare. Seine Lippen waren nicht rot, sondern sein ganzes Gesicht von einer Farbe, seine Augen ohne Ruhe, überall sich umschauend, und obgleich sie rot waren, so ward doch Micks Herz eiskalt, wenn er sie ansah. Er hatte in der Tat wenig Gefallen an der Gesellschaft des Kleinen, und er konnte nicht das mindeste von seinen Beinen oder seinem Körper erblicken; das Männchen hatte sich, obgleich

der Tag warm war, ganz in einen dicken, weiten Rock eingewickelt.

Mick trieb die Kuh ein wenig schneller, aber der Kleine hielt
sich immer neben ihm. Er wußte nicht, auf welche Art er
schritt, denn er fürchtete sich zu sehr, um sich nach ihm umzuschauen, und wollte auch nicht das Kreuz über sich schlagen, denn er war bange, der alte Mann möchte zornig werden.
Doch deuchte ihn, sein Reisegefährte ginge nicht wie ein anderer Mensch und setzte einen Fuß vor den andern, sondern
glitte nur über den rauhen Weg (und rauh war er genug) wie
ein Schatten dahin, ohne Geräusch und ohne Anstrengung.
Dem armen Mick zitterte das Herz im Leibe, er sagte ein Gebet
für sich und wünschte, er wäre den Tag nicht ausgegangen,
oder er wäre schon auf dem Markt, oder er brauchte die Kuh
nicht zu hüten, damit er vor dem Gespenst fortlaufen könnte.

Mitten in diesen Ängsten ward er von seinem Gefährten an-
geredet: „Wohin wollt Ihr mit der Kuh, lieber Mann?"

„Nach dem Markt zu Corcaigh", antwortete Mick zitternd bei
dem schnarrenden und schneidenden Ton der Stimme.

„Wollt Ihr sie verkaufen?" sagte der Fremde.

„Freilich treibe ich sie dahin, um sie zu verkaufen."

„Wollt Ihr sie mir verkaufen?"

Mick fuhr erschrocken zurück, er fürchtete sich, mit dem Kleinen etwas zu tun zu haben, und fürchtete sich noch mehr, nein
zu sagen. Endlich sprach er: „Was wollt Ihr mir dafür geben?"

„Ich will Euch etwas sagen", antwortete der Kleine, „ich
gebe Euch diese Flasche dafür", indem er eine Flasche unter
dem Mantel hervorholte.

Mick schaute erst ihn und die Flasche an, dann mußte er, mitten in seiner Angst, in ein lautes Gelächter ausbrechen.

„Lacht nach Herzenslust", sprach der Kleine, „aber ich sage Euch, diese Flasche ist mehr wert für Euch als alles Geld, das Ihr für die Kuh in Corcaigh bekommt, ja tausendmal mehr."

Mick lachte wieder. „Ihr denkt wohl", sagte er, „ich wäre ein solcher Narr, daß ich meine gute Kuh für so eine Flasche hingäbe, die obendrein noch leer ist? Wahrhaftig, daraus wird nichts."

„Ihr tut besser, wenn Ihr mir die Kuh gebt und die Flasche nehmt; Ihr braucht es Euch nicht leid sein zu lassen."

„Aber Molly, was würde sie sagen? Das würde kein Ende nehmen! Und wie sollte ich meine Pacht zahlen? Und was sollen wir anfangen ohne einen Heller Geld?"

„Ich versichere Euch, die Flasche ist besser als alles Geld, nehmt sie und gebt mir die Kuh. Jetzt sage ich es Euch zum letztenmal, Mick Purcell."

Mick war bestürzt. ‚Wie hat er meinen Namen erfahren!' dachte er.

Der Fremde fuhr fort: „Mick Purcell, ich kenne Euch und habe Achtung vor Euch, darum folgt meinem Rat, oder Ihr werdet es empfinden. Wißt, Eure Kuh wird Euch hinfallen, ehe Ihr nach Corcaigh kommt."

Mick wollte eben sagen: „Das verhüte Gott!", aber der Kleine setzte hinzu (und Mick war zu aufmerksam, um etwas zu sagen, das ihn schweigen gemacht hätte, und viel zu höflich, als jemand in der Rede zu unterbrechen): „Dann sollt Ihr wissen, es wird so viel Vieh auf dem Markt sein, daß Ihr zu einem geringen Preis losschlagen müßt, und vielleicht fallt Ihr, wenn Ihr nach Haus geht, noch Räubern in die Hände. Doch wozu sage ich Euch das alles, da Ihr doch entschlossen seid, Euer Glück von Euch zu stoßen!"

„O nein, Sir, mein Glück möchte ich nicht von mir stoßen", sagte Mick, „und wäre ich gewiß, daß die Flasche so gut ist, als Ihr sagt, obgleich ich niemals großen Gefallen an einer leeren Flasche gehabt, wenn ich sie auch selbst ausgetrunken hatte, so wollte ich Euch die Kuh geben im Namen –"

„Bekümmert Euch nicht um Namen", unterbrach ihn der Kleine, „sondern gebt mir die Kuh; ich habe Euch keine Unwahrheit gesagt, und wenn Ihr damit heimkommt, so tut genau, was ich Euch heißen werde."

Mick zögerte.

„Wohlan", sagte der Fremde, „guten Tag, Mick Purcell, ich kann nicht länger warten. Noch einmal, nehmt sie hin und seid reich; schlagt sie aus und bettelt für Euern Lebensunterhalt, seht Eure Kinder in Armut, Euer Weib sterbend vor Mangel: Das wird Euer Schicksal sein, Mick Purcell." Bei diesen Worten lächelte der Kleine boshaft, was seinen Anblick noch grausenhafter machte.

„Mag sein! Ist wohl wahr!" sagte Mick immer noch zaudernd und unschlüssig, was er tun sollte. Er konnte nicht anders, er mußte dem alten Manne glauben, und endlich in einem Anfall von Verzweiflung griff er nach der Flasche und sagte: „Nehmt die Kuh, und wenn Ihr mich belogen habt, so wird Euch der Fluch des Armen treffen."

„Ich achte weder auf Euern Fluch noch auf Euern Segen,

Mick Purcell, aber ich habe die Wahrheit gesprochen, das werdet Ihr noch heute abend erfahren, wenn Ihr tut, was ich Euch sage."

„Was soll ich tun?" fragte Mick.

„Wenn Ihr heimkommt, so kümmert Euch nicht darum, daß Euer Weib ärgerlich ist, sondern bleibt selbst gelassen und heißt sie, die Flur sauberzukehren, setzt den Tisch zurecht und deckt ein reines Tuch darüber; dann stellt die Flasche auf den Boden und sprecht die Worte: ‚Flasche, tue deine Schuldigkeit!', und Ihr werdet den Erfolg sehen."

„Und das ist alles?" fragte Mick.

„Nichts weiter", sagte der Kleine. „Guten Tag, Mick Purcell, Ihr seid ein reicher Mann."

„Das gebe Gott!" sagte Mick, als der alte Mann die Kuh forttrieb und er wieder auf dem Heimweg war; doch konnte er nicht umhin, den Kopf umzudrehen und dem Käufer seiner Kuh nachzusehen, bis er ganz verschwunden war.

„Gott behüte und bewahre uns!" rief Mick, „der gehört nicht dieser Welt an. Aber wo ist meine Kuh?" Sie war fort, und Mick ging heimwärts, Gebete für sich hersagend und seine Flasche festhaltend.

‚Was wollt ich anfangen', dachte er, ‚wenn sie mir zerbräche; doch dafür will ich tun', und steckte sie vor seine Brust, besorgt über den Erfolg und zweifelhaft über den Empfang, den er bei seiner Frau zu erwarten hatte. Während er Sorge und Erwartung, Furcht und Hoffnung gegeneinander abwog, erreichte er abends seine Hütte und überraschte seine Frau, die bei dem Torffeuer am Herde saß.

„Ei, Mick, du bist wieder da! Gewiß bist du nicht nach Corcaigh gekommen! Sprich, was ist dir begegnet? Wo ist die Kuh? Hast du sie verkauft? Wieviel hast du dafür gelöst? Was gibt's Neues? Erzähl mir davon."

„Willst du mir Zeit lassen, Molly, so will ich dir alles haarklein erzählen. Wo unsere Kuh ist, möchtest du gern wissen; aber das kann ich dir nicht sagen, denn ich weiß am allerwenigsten, wo sie ist."

„Was hast du dafür gelöst, Mick? Heraus mit dem Geld!"

„Kleine Geduld, Molly, und du sollst alles hören."

„Aber was ist das für eine Flasche unter deiner Weste?" fragte Molly, die den hervorragenden Hals bemerkte.

„Nun sei vergnügt", sagte Mick, „doch ich muß dir erst erzählen!", und stellte die Flasche auf den Tisch. „Das ist alles, was ich für die Kuh bekommen habe."

Die arme Frau war wie vom Donner gerührt. „Alles, was du bekommen hast? Und wozu taugt das, Mick? So hätte ich doch mein Lebtag nicht gedacht, daß du ein solcher Narr wärest. Wie willst du nun die Pacht bezahlen?"

„Willst du Vernunft annehmen, Molly", sagte Mick, „so will ich dir erzählen, wie der alte Mann, oder wer es sonst war, mir begegnete; nein, er begegnete mir nicht, sondern er war da bei mir, oben auf dem Berg, und wie er mich dazu bewog, ihm die Kuh zu verkaufen, und mir sagte, die Flasche wäre etwas für mich."

„Wahrhaftig bloß für dich, du Narr!" sagte Molly und griff nach der Flasche, um sie ihrem armen Mann an den Kopf zu werfen. Aber Mick faßte sie geschwind, machte sie ganz gelassen (denn er erinnerte sich an den Befehl des Kleinen) von den Händen seines Weibes los und steckte sie wieder vor seine Brust.

Die arme Molly saß da und weinte, während ihr Mick seine Geschichte erzählte und sich dabei oft bekreuzigte und segnete. Indessen konnte sie nicht umhin, ihm Glauben beizumessen, zumal sie an Geister glaubte. Ohne ein Wort zu sprechen, stand sie auf und fing an, die Flur mit einem Büschel Heidekraut zu kehren. Hierauf ordnete sie alles, setzte den langen Tisch zurecht und deckte ein reines Tuch, das einzige, das sie hatten, darüber her, und Mick stellte die Flasche auf die Erde und sprach: „Flasche, tue deine Schuldigkeit!"

„Dort! Dort! Mutter, sieh doch!" rief der älteste Knabe, ein pausbackiges Kind von fünf Jahren, und sprang an seiner Mutter Seite, als zwei winzige kleine Gestalten, wie Lichtstrahlen, aus der Flasche hervorstiegen und in einem Augenblick den Tisch mit silbernen und goldenen Schüsseln und Tellern besetzten, auf welchen die köstlichsten Speisen lagen, und, sowie alles in Ordnung war, wieder in die Flasche hinabstiegen. Mick und seine Frau betrachteten alles mit höchstem Erstaunen, denn sie hatten solche Schüsseln und Teller ihr Lebtag nicht gesehen und glaubten, dergleichen könnte man nicht genug bewundern, so daß sie von dem bloßen Anschauen allen Hunger vergaßen. Endlich sagte Molly: „Komm, Mick, und setz dich nieder, versuch's und iß ein wenig, du mußt ja hungrig sein nach einem so guten Tagwerk."

„Siehst du, der Mann hat keine Unwahrheit von der Flasche gesagt."

Mick setzte sich und gab auch den Kindern ihren Platz an dem Tisch; sie hielten eine herrliche Mahlzeit, und doch blieb die Hälfte der Schüsseln unangerührt.

„Mich soll doch wundern", sagte Molly, „ob die guten kleinen Herrn diese kostbaren Sachen wieder wegnehmen werden!" Sie warteten, aber niemand kam. Da hob Molly sorgfältig Schüssel und Teller auf und sprach: „Gewißlich, es war keine Unwahrheit, du bist jetzt ein reicher Mann, Mick Purcell."

Sie gingen alle zu Bett, doch nicht um zu schlafen, sondern um zu verabreden, wie sie diese köstlichen Dinge, deren sie nicht bedurften, zu Geld machen wollten, um mehr Ländereien zu übernehmen. Mick ging nach Corcaigh, verkaufte seine Goldschüsseln, erhandelte sich Wagen und Pferd und überlegte, wie er viel Geld erwerben könnte. Sie gaben sich alle Mühe, die Flasche geheimzuhalten, doch vergeblich, der Gutsherr brachte es heraus. Eines Tages kam er zu Mick und fragte ihn, wie er zu all dem Geld gekommen wäre, das er doch in keinem Falle durch die Pacht gewonnen hätte; er quälte ihn so lange, bis Mick ihm endlich von der Flasche sagte. Der Gutsherr bot viel Geld, doch dafür wollte sie Mick nicht geben, bis er ihm zuletzt alles, was er jetzt in Pacht hatte, als Eigentum anbot. Da dachte Mick, der reich genug war, nun bedürfe er des Geldes weiter nicht mehr, und gab die Flasche hin.

Mick hatte sich verrechnet; er und die Seinigen verschleuderten das Geld, als wenn es kein Ende nehmen könnte, und um die Geschichte kurz zu machen, sie wurden immer ärmer und ärmer, bis sie am Ende nichts mehr übrig hatten als eine Kuh, welche Mick abermals wieder vor sich hertrieb, um sie auf dem Markt zu Corcaigh zu verkaufen, nicht ohne Hoffnung, dem kleinen Mann von neuem zu begegnen und eine andere Flasche zu erhalten. Der Tag brach eben an, als er sich vom Haus aufmachte, und er ging einen guten Schritt, bis er zu der Höhe kam. Die Nebel schliefen noch in den Tälern und kräuselten sich in duftigen Kränzen auf der braunen Heide rings um ihn her. Die Sonne erhob sich zu seiner Linken, und vor seinen Füßen sprang eine Lerche aus ihrem Lager im Gras und stieg, ihren fröhlichen Morgengesang anstimmend, in den blauen Himmel hinauf.

Mick bekreuzigte sich, horchte auf den süßen Gesang der Lerche und mußte beständig an das alte, kleine Männchen denken. Da wurde er, gerade als er den Gipfel des Bergs erreichte und seine Augen auf die weite Aussicht vor und hinter sich warf, von der wohlbekannten Stimme sowohl erschreckt als erfreut, die ihm zurief: „Nicht wahr, Mick Purcell, ich sagte dir, du würdest ein reicher Mann werden?"

„Gewiß, es war keine Lüge, Sir! Ich wünsche Euch einen guten Morgen, aber daß ich zur Zeit ein reicher Mann bin, kann ich nicht sagen. Habt Ihr eine andere Flasche? Ich bedarf ihrer so gut wie vordem. Habt Ihr sie, Sir, hier ist die Kuh dafür."

„Und hier ist die Flasche", sagte der Kleine und lächelte, „du weißt, was du damit zu tun hast."

„Ach ja", antwortete er, „ich will es schon recht machen."

„Guten Tag, Sir", rief Mick, als er sich auf den Heimweg begab, „gutes Glück Euch und gutes Glück dem hohen Berg, dem Flaschenberg, damit er einen Namen bekommt; guten

Tag, Sir, guten Tag!" Damit eilte er, so schnell er konnte, zurück, ohne sich nur einmal nach dem Kleinen mit dem weißen Gesicht und der Kuh umzuschauen, nur besorgt, seine Flasche heimzubringen. Wohlbehalten langte er damit an, und sobald er Molly erblickte, rief er aus: „Ja, ich habe eine andere Flasche!"

„Tausend!" rief die Frau, „hast du sie? Du bist ein Glückskind, Mick Purcell, ja das bist du!"

Sie brachte alles sogleich in Ordnung, und Mick, seine Flasche betrachtend, schrie in seiner Freude: „Flasche, tue deine Schuldigkeit!" In einem Augenblick sprangen zwei große, gewaltige Männer aus der Flasche mit dicken Knütteln in den Händen, die den armen Mick, seine Frau und seine ganze Familie unbarmherzig bleuten, bis alles auf dem Boden lag, worauf sie in die Flasche zurückeilten. Mick, sobald er wieder zu Besinnung kam, stand auf und sah sich um. Er sann und sann. Endlich hob er Frau und Kinder in die Höhe und sprach: „Macht, daß ihr euch wieder erholt, so gut es geht", nahm die Flasche unter den Mantel und begab sich zu seinem Gutsherrn.

Dort war große Gesellschaft, und Mick bat einen Bedienten, dem Herrn zu sagen, daß er ein paar Worte mit ihm zu sprechen wünsche. Endlich kam der Herr heraus und fragte: „Was bringt Ihr mir Neues, Mick?"

„Nichts, Sir, als daß ich eine andere Flasche habe."

„Ei, ei! Ist sie auch so gut wie die erste?"

„Jawohl, Sir, noch besser. Wenn's Euch beliebt, so will ich sie Euch vor allen Herren und Damen zeigen."

„Tretet nur herein", sprach der Gutsherr, und Mick ward in

den Saal geführt, wo er seine alte Flasche erblickte, die oben auf dem Gesimse stand. „Sieh da!" sagte er zu sich selbst, „vielleicht habe ich dich in kurzem wieder!"

„Wohlan", sagte der Gutsherr, „zeigt her Eure Flasche!" Mick setzte sie auf den Boden und sprach die Zauberworte. In einem Augenblick lag der Gutsherr darnieder, Damen und Herren, Bediente und wer sonst zugegen war, rannten, schrien, wälzten sich, stießen mit den Füßen und heulten. Becher und Teller rollten nach allen Seiten hin, bis der Gutsherr endlich ausrief: „Bring diese zwei Teufel zur Ruhe, Mick Purcell, oder ich lasse dich aufhängen!"

„Nicht eher sollen sie aufhören", sagte Mick, „als bis Ihr mir meine Flasche wiedergebt, die ich dort oben auf dem Gesims sehe."

„Holt sie ihm herab", sagte der Herr, „ehe wir alle ermordet sind."

Mick steckte die alte Flasche vor seine Brust, die Männer sprangen wieder in die neue hinein, und er trug sie beide heim. Was soll ich noch weiter erzählen, daß Mick reicher ward als zuvor, daß sein Sohn die Tochter des Gutsherrn heiratete, daß er und sein Weib in hohem Alter starben und bei ihrer Leichenfeier einige Diener in Streit gerieten und die Flaschen zerbrachen! Doch der Berg hat noch immer den Namen und wird wohl Flaschenberg heißen bis ans Ende der Welt.

Die Bekenntnisse
des Tom Bourke

om Bourke wohnt in einem niedrigen, langgestreckten Pachterhaus, welches von außen einer großen Scheune gleicht und an dem Fuße eines Berges liegt, gerade da, wo die neue Straße von der alten sich scheidet, welche von Kilworth nach Lismore führt. Er gehört zu einer Klasse von Leuten, die in Irland eine Art schwarzer Schwäne sind; er ist nämlich ein wohlhabender Pachter. Sein Vater hatte in der guten, alten Zeit, wo hundert Pfund Sterling ein nicht unbeträchtlicher Schatz waren, seinem Gutsherrn mit dieser Summe ausgeholfen und als Vergeltung dieser Bereitwilligkeit eine lange Pacht erhalten, die zehnmal mehr wert war als das Darlehen, dem er sie zu verdanken hatte. Der alte Mann starb mit einem Vermögen von einigen hundert Pfunden, wovon er den größten Teil, samt dem Pachtgute, seinem Sohn Thomas vermachte. Außerdem erhielt Tom von seinem Vater eine Gabe, die mehr Wert hatte als alle irdische Reichtümer, so hoch er diese auch zu allen Zeiten schätzte. Es ward ihm das Vorrecht verliehen, dessen sich wenige Menschenkinder erfreuen, mit jenen geheimnisreichen Wesen Verkehr zu haben, welche man das stille Volk nennt.

Tom Bourke ist ein kleiner, stämmiger, frischer und tätiger
Mann von etwa fünfundfünfzig Jahren. Sein Haar ist schneeweiß, kurz und am Hinterkopf buschig, während es an der
Stirne gerade und borstig wie eine Kleiderbürste in die Höhe
steht. Seine Augen sind von der Art, wie man sie nicht selten bei
Menschen findet, die einen regen, jedoch beschränkten Geist
haben: Sie sind klein, grau, aber lebhaft. Die langen, vorragen-
den Augenbrauen, unter oder vielmehr zwischen welchen sie
funkeln, geben ihm einen Ausdruck von verschmitzter Klug-
heit, wo nicht von Feinheit. Und das ist auch in der Tat der Charakter des Mannes. Wer ein Geschäft mit ihm abmachen will,
muß sich einen Feldherrn zum Muster nehmen, der eine Stadt
erobern will, und lange vorher Anstalten machen, ehe er hoffen kann, in den Besitz zu kommen. Wer gerade drauflosgeht
und sogleich seine Absicht an den Tag gibt, der kann sicher
sein, daß ihm die Türe vor der Nase zugemacht wird: Tom
wünscht sich nicht von dem zu trennen, wonach der andere
Verlangen trägt, oder ein dritter hat schon wegen des Ganzen
vorige Woche mit ihm gesprochen. Oder vielleicht scheint der
Vorschlag die beste Aufnahme zu finden. „Freilich, Sir! – Das ist
richtig, Sir! – Ich danke Euch für die Ehre, die Ihr mir erzeigt!"
und mit dergleichen Ausdrücken von Artigkeit und Zutrauen
werden alle Worte, die der andere vorbringt, begrüßt, und er
geht weg und wundert sich, wie der Mann in den Ruf gekommen sei, der sich so allgemein verbreitet hat, daß man kein Geschäft mit ihm zustande bringen könne. Wenn er ihn aber das
nächste Mal trifft, so ist die angenehme Täuschung vorüber,
und er findet sich ein großes Stück weiter von seinem Ziel

zurück, als da er sich Hoffnung auf einen guten Erfolg machte. Toms Augen und Zunge drücken eine völlige Vergessenheit von dem aus, dessen er sich innerlich aufs genaueste bewußt ist, und der andere muß seine Arbeit von neuem anfangen mit dem Nachteil, daß sein Gegner sich in allen Stücken zu hüten weiß.

Obgleich Tom, sei es durch übernatürliche Mitteilung oder, wie manchem wahrscheinlicher vorkommt, durch Erfahrungen belehrt, mißtrauisch gegen die Menschen und im Umgange verschlossen sich zeigt, so ist er doch kein Menschenfeind. Niemand schätzt mehr als er die Freuden einer lustigen Tafel. Die Liebe zum Geld, die eine vorherrschende Neigung bei ihm ist, und der Gewinn, den ihm sein unermüdlicher Fleiß während eines ziemlich langen und glücklichen Lebens gebracht, haben ihn den Wert der Mäßigkeit während dieser Zeit erkennen lassen, wenigstens wenn ein Geschäft verlangt, daß man seine Gedanken beisammen habe. Es ist ihm daher Hauptregel, keinen Trunk anzunehmen als an einem Sonntage. Doch gestattet er sich Ausnahmen; unter diesen waren alle Markttage, die in seiner Nachbarschaft gehalten wurden, ferner alle Tage, an welchen Leichenbegängnisse, Hochzeiten und Taufen unter seinen Freunden im Umfange einiger Meilen stattfanden. Seltsam scheint es vielleicht, daß er Leichen größere Aufmerksamkeit schenkte als Taufen oder Heiraten. Man kann dies als uneigennützige Teilnahme an der Würde der Dahingegangenen betrachten, die in unserer selbstischen Welt nicht häufig ist; aber ich besorge, dasjenige, was Tom Bourke treibt, dem Toten mehr Rücksicht zu bezeigen als dem

Lebenden, ist genau dasselbe, was die meisten andern Menschen gerade zu dem Gegenteil bewegt: nämlich Hoffnung eines zukünftigen Vorteils und Furcht vor zukünftigem Übel. Denn das stille Volk, diese ebenso mächtigen als launenhaften Wesen, haben unter denen, welche die Erde bewohnen, ihre Lieblinge; manchmal äußern sie ihre Gunst dadurch, daß sie diese von der Bürde eines niederdrückenden Lebens erlösen, und oft belohnen oder bestrafen sie den Lebenden nach dem Grad von Achtung, den er der Beerdigung und dem Andenken des erwählten Toten bezeigt.

Vielleicht sucht darin auch mancher den Grund der vielen menschenfreundlichen und liebreichen Handlungen, die Tom und andere Glieder seiner Familie so oft und mit sichtbarer Bereitwilligkeit ausüben. Ein Bettler hat selten ihren Hof mit einem leeren Sack verlassen, vergeblich um ein Nachtlager gebeten oder um eine Mahlzeit von Kartoffeln und Milch, welche hinreicht, den Hunger eines irländischen Bettlers zu befriedigen. Denn wer diesen stillen will, muß zugleich Rücksicht auf den Beistand nehmen, den ein ausgemergelter Hund und zwei oder drei nicht minder heißhungrige Kinder zu leisten pflegen, die sich zur Entschädigung für ihre äußeren Blößen gerne innerlich ausfüttern. Wird einer von den armen Wichten in der Nachbarschaft vom Fieber niedergeworfen, so räumt Tom dem Kranken eine ledig stehende Hütte auf einem seiner Pachtgüter (denn er hat dem ererbten noch eins zugefügt) ein oder schickt seine Arbeiter, um ihm einen Schoppen neben der Hecke aufzuschlagen, und sendet ihm Stroh zum Lager, wenn die Kränklichkeit fortdauert. Seine Frau, deren Milchkammer wegen ihrer Größe berühmt ist, liefert eine Woche lang Milch, und diese Hilfeleistungen werden oft auf die ganze Familie ausgedehnt, die vielleicht in den höchsten Grad von Elend versinkt, solange der Mann oder Vater zur Arbeit unfähig ist.

Wenn auch einige dieser Handlungen in jener vorhin erwähnten Furcht oder Hoffnung ihren Grund haben, so entspringen doch andere aus dem gemischten Gefühl von Mitleid und Pflicht, welches bisweilen aus dem Herzen eines irländischen Bauern hervorbricht, obgleich es gewöhnlich in eine Decke von Geiz und Trug eingehüllt ist. Daher kamen auch die Worte, die ich einmal hörte und die man nicht mißverstehen darf: „Wenn wir etwas empfangen, so ist's nur ehrlich, daß wir ein wenig davon wieder zurückgeben."

Tom läßt sich nicht leicht bewegen, von dem stillen Volke zu sprechen, mit dem er in häufigem und genauem Verkehr stehen soll. Glaubt aber jemand an die Elfen und ihre Macht und an die gelegentliche Übertragung derselben auf ihn, so schlägt er es, auf besondere Bitten, selten ab, sein hohes Vorrecht in Ausübung zu bringen, wenn ein Unglücklicher in der Nachbarschaft von einem Schlag der Elfen ist gelähmt worden. Immer aber will er erst durch Bitten gewonnen sein, er macht anfangs Schwierigkeit und muß mit einer kleinen, freundlichen Gewalt genötiget werden. Bei solchen Gelegenheiten ist er ungewöhnlich feierlich und geheimnisreich, und fällt etwa ein Wort von Vergeltung, so verläßt er sogleich den unglücklichen Kranken, weil dergleichen Anerbietungen die Überirdischen geradezu beleidigen.

Es ist wahr, daß, da der Arbeiter seines Lohnes wert ist, an-

dere, die gleich ihm begabt sind, kein Bedenken tragen, von den Kranken, aber erst nach der Genesung, eine Belohnung anzunehmen. Es ist aufgezeichnet, daß einmal einer Frau eine ansehnliche Belohnung gegeben wurde, welche wie Tom in der geheimen Wissenschaft erfahren war und welche hier verdient erwähnt zu werden, nicht bloß weil sie eine Nachbarin und Nebenbuhlerin von Tom war, sondern auch wegen des besonderen Umstandes, daß eine Mutter ihren Namen von ihrem Sohn ableitete. Ihr Sohn hieß Owen und sie überall Owen sa vauher, Owens Mutter. Sie war bei der vorhin erwähnten Gelegenheit überredet worden, einem jungen Mädchen ihre Hilfe angedeihen zu lassen, welches den Gebrauch des rechten Beins verloren hatte. Owens Mutter fand die Heilung sehr schwer. Eine Reise von etwa neun Stunden war nötig, wahrscheinlich um einen aus dem stillen Volke zu besuchen, der in so weiter Entfernung wohnte; und diese Reise mußte auf dem Rücken einer weißen Henne gemacht werden. Sie kam indessen zustand, und zur bestimmten Stunde, wie die seltsame Frau vorher gesagt hatte, nämlich als die Henne mit ihrem Reiter an dem Ziel der Fahrt angelangt war, wurde die Kranke von einer unwiderstehlichen Tanzlust ergriffen, welcher sie bei vollkommenem Gebrauch der kranken Glieder zu großer Freude ihrer bekümmerten Familie ein Genüge tat. Die Belohnung war in diesem Falle, wie billig, ungewöhnlich groß wegen der Schwierigkeit, eine Henne zu finden, die willig war, mit einer solchen Last eine so lange Reise zu unternehmen.

Um Tom Gerechtigkeit widerfahren zu lassen, so muß man gestehen, daß er bei solchen Gelegenheiten völlig uneigennützig ist, wie ich von mehr als einem gehört habe, der davon genau unterrichtet war. Vor einigen Monaten heilte er ein junges Mädchen, die Schwester eines Krämers, der in seiner Nähe lebt, welche der Elfenschlag getroffen hatte, als sie von einer Leiche zurückkehrte und mehrere Tage lang sprachlos geblieben war. Er schlug beharrlich jede Belohnung aus und sagte, daß, wenn er auch nicht soviel hätte, um sich satt zu essen, er in diesem Falle nichts annehmen würde, weil das Mädchen bei der Leiche einen von dem guten Volke, der zu seiner eigenen Familie gehörte, beleidigt hätte, und ob er ihr gleich einen Gefallen tun wollte, so könnte er doch nichts von ihr annehmen.

Zu der Zeit ungefähr, wo diese letzte merkwürdige Begebenheit sich ereignete, hatte ein Freund von mir, Herr Martin, der ein Nachbar von Tom ist, ein Geschäft mit ihm abzuschließen und unsägliche Mühe, es zu beendigen. Zuletzt, nachdem alle Mittel der Güte vergeblich waren, nahm Martin seine Zuflucht zu gerichtlicher Hilfe, welche Tom zur Vernunft brachte. Die Sache ward zu gegenseitiger Zufriedenheit und bei vollkommen guter Laune zwischen beiden Teilen vollführt. Da die Übereinkunft in Herrn Martins Hause nach dem Mittagsessen stattfand, so nötigte er Tom zu einem Glas feinen Punsch in den Saal herein. Er hatte schon längst gewünscht, mit seinem ungewöhnlich begabten Nachbar in ein Gespräch zu geraten, worin er etwas Näheres von dessen übernatürlichen Kräften herausfragen könnte; und da Frau Martin, welche in dem Zimmer zugegen war, bei Tom in besonderer Gunst stand, so schien die Gelegenheit günstig.

„Wahrhaftig, Tom", hob Herr Martin an, „das war ein seltsamer Handel mit Molly Dwyers, die ihre Sprache so plötzlich am folgenden Tag wiedererhielt."

„Das sollte man wohl meinen, Sir", antwortete Tom, „indessen meine Arbeit dabei war gering, nicht der Rede wert. Euer Wohl, Madame", sagte er, indem er sich zu Frau Martin wandte.

„Ich danke Euch, Tom, aber mir ist erzählt worden, Ihr hättet einmal Kummer dieser Art in Eurer eigenen Familie gehabt."

„Jawohl, Madam", antwortete er, „Kummer genug, doch zu der Zeit wart Ihr noch ein Kind."

„Kommt her, Tom", sagte der gastfreie Herr Martin, indem er ihn unterbrach, „nehmt noch ein Glas", und reichte es ihm hin. „Ich wünschte, Ihr erzähltet uns einiges davon, wie Ihr mehrere Eurer Kinder verloren habt. Mir ist erzählt worden, daß sie dahingestorben sind, eins nach dem andern, und daß Euer ältester Sohn auf eine wunderbare Weise gerettet wurde, nachdem ihn die Ärzte schon aufgegeben hatten."

„Das ist wahr, Sir", antwortete Tom, „Euer Vater, der Doktor (Gott habe ihn selig, ich will ihn nicht in seinem Grabe beunruhigen), sagte mir, als mein viertes Söhnchen eine Woche lang krank gelegen hatte, daß er und Doktor Barry alles täten, was sie könnten, aber nicht imstand wären, ihn vom Tod zu erretten. Sie vermochten nichts mehr, wenn das Volk, welches die übrigen wegnahm, auch diesen wegnehmen wollte. Doch sie ließen mir ihn, und mir ist sehr leid, daß ich nicht vorher wußte, warum sie mir meine Kinder wegnahmen, und hätte ich es gewußt, so würde ich mich auf zwei Ärzte nicht verlassen haben."

„Und wie fandet Ihr das heraus, Tom?" fragte Herr Martin.

„Das will ich Euch sagen, Sir. Als Euer Vater so zu mir sprach, wie ich Euch erzählt habe, wußte ich nicht, was ich anfangen sollte. Ich ging hinab zu dem kleinen Heckenweg, den Ihr kennt, neben dem Fluß bei Dick Heafys Grund, weil das ein einsamer Ort ist, wo ich meinen Gedanken nachhängen wollte. Ich war schwermütig, Sir, und mein Herz gepreßt, wenn ich an den bevorstehenden Verlust meines kleinen Knaben dachte; ich wußte nicht, wie ich mit dieser Nachricht vor die Augen der Mutter treten sollte, die ihn auf das zärtlichste liebte. Und sie von allen konnte sich am schwersten trösten, da sie eben vor einer Woche bei der Leiche ihres Bruders geweint hatte! Auf dem Wege dahin begegnete ich einem alten Bettler, der des Jahrs ein- oder zweimal auf den Platz zu kommen pflegt und der gewöhnlich in Eurer Scheune schläft, wenn er sich in der Nachbarschaft aufhält. Er fragte, wie es mir ginge. ‚Schlimm genug, Jacob‘, antwortete ich. ‚Mich betrübt Euer Unglück‘, sagte er, ‚doch Ihr seid ein einfältiger Mann, Herr Bourke. Euer Sohn würde bald wieder gesund sein, wenn Ihr nur tun wolltet, was für seine Umstände gut ist!‘ – ‚Was kann ich mehr tun, Jacob?‘ fragte ich, ‚die beiden Ärzte geben ihn auf.‘ – ‚Die Ärzte wissen so wenig, was ihm fehlt, als sie wissen, was einer Kuh fehlt, wenn sie keine Milch geben will‘, antwortete Jacob, ‚geht zu dem und dem‘, und er nannte mir seinen Namen, ‚und versucht das, was er Euch sagen wird.‘“

„Und wer war das, Tom?“ fragte Herr Martin.

„Ich kann Euch das nicht sagen, Sir“, antwortete Tom mit einem geheimnisvollen Blick, „indessen Ihr habt ihn oft gesehen, und er lebt nicht weit von hier. Ich hatte ihn schon vorher auf die Probe gestellt, und wenn ich gleich zu ihm gegangen wäre, so hätte ich noch einige von jenen, die dahin sind, und das hat mir Jacob oft gesagt. Also, ich ging zu dem Manne, und er kam mit mir in mein Haus. Ich tat alles, was er verlangte. Seinem Befehl gemäß nahm ich meinen kleinen Knaben gleich aus dem Wohnhaus, todkrank wie er war, und machte ihm und mir ein Bett im Stall. Ja, Sir, ich lag neben ihm im Bett zwischen zwei Kühen, und er fiel in einen tiefen Schlaf. Er geriet in großen Schweiß (mit Eurer Erlaubnis zu reden), als sei er durch das Wasser gezogen, atmete schwer, mit großer Beäng-stigung der Brust, und es stand schlimm, sehr schlimm mit ihm. Gegen Mitternacht glaubte ich, sein Ende sei gekommen, und ich stand auf, den Mann zu holen, von dem ich Euch gesagt habe; aber ich traf ihn nicht. Es war kein Mensch in dem Stall als das Kind und ich. Ein Kerzenlichtchen brannte nur, in die Mauer vom fernen Ende des Hauses gesteckt. Es war gerade hell genug, um eine Gestalt zu erkennen, die daherkam oder bei uns stand. Es war so still wie auf dem Kirchhofe, nichts hörte man als die Kühe, welche ihr Futter fraßen. Eben als ich, wie gesagt, im Begriffe war aufzustehen – ich will meinem Va-ter nichts nachsagen, es war ein guter Vater gegen mich –, so sah ich ihn neben dem Bette stehen, die rechte Hand streckte er nach mir aus, mit der linken stützte er sich auf einen Stock, dessen er sich im Leben zu bedienen pflegte, und sah heiter und lächelnd zu mir, als wollte er sagen, ich sollte ohne Furcht sein, ich würde das Kind nicht verlieren. ‚Seid Ihr es, Vater‘, re-dete ich ihn an, ‚bei der Liebe zu denen, die dahingegangen sind, laßt mich Eure Hand fassen.‘ Er tat es, Sir, und seine Hand war so zart wie die eines Kindes. Er stand da so lange, als wenn Ihr die Straße hinabgehen wolltet bis zu ihrem Ende und wieder zurück. In weniger als einer Woche war das Kind so wohl, als wenn ihm nie etwas gefehlt hätte, und es gibt zur Stunde keinen gesundern Burschen von neunzehn Jahren von Euerm gesegneten Hause bis zur Stadt Ballyporeen über die Berge von Kilworth."

„Aber mich dünkt, Tom", sagte Herr Martin, „Ihr hättet Euerm Vater mehr Verbindlichkeit als dem Manne, der Euch von Jacob empfohlen ward. Oder meint Ihr vielleicht, daß er es war, der Eure Feinde unter dem stillen Volke günstig stimmte, und daß dann Euer Vater –"

„Ich bitte um Verzeihung, Sir", sagte Bourke, indem er ihn unterbrach, „aber nennt sie nicht meine Feinde. Ich möchte um vieles nicht dabeisitzen, wenn sie so genannt werden. Nehmt mir's nicht übel, Sir. – Ich wünsche Euch gute Gesundheit und langes Leben!"

„Ich versichere Euch", entgegnete Herr Martin, „ich wollte Euch nicht beleidigen. Aber war es nicht so, wie ich sagte?"

„Ich kann Euch das nicht mitteilen", sagte Tom, „ich bin deshalb gebunden. Wie sich das aber auch verhält, Ihr könnt gewiß sein, der Mann, von dem ich sprach, mein Vater und jene, die es wissen, begütigten es."

Hierauf entstand eine Pause, welche Frau Martin benutzte, Tom auszuforschen, ob sich nicht einmal etwas Seltsames mit einer Ziege und ein paar Tauben zugetragen habe, während der Krankheit der Kinder, da Tom oft geheimnisreich auf diese Umstände angespielt hatte.

„Ei sieh!" sagte er, indem er sich zu Frau Martin wendete, „was für ein gutes Gedächtnis! Aber Ihr habt recht. Die Ziege gab ich Eurer Mutter, weil die Ärzte ihr Ziegenmolke verordnet hatten."

Frau Martin nickte Bestätigung zu, und Tom fuhr fort: „Die Ziege befand sich in so gutem Zustand als irgendeine, einen Monat, nachdem sie zu Euerm Vater geschickt war. Am Morgen nach jener Nacht, von der ich Euch erzählt habe, ehe das Kind erwachte, stand seine Mutter an der Luke, die aus dem Scheunenhof auf den Weg führte, und sah zwei Tauben, welche von dem Turm der Stadt Kilworth über die Kirche herwärts flogen. Nun merkt, sie hielten in ihrem Fluge nicht an, bis sie zu dem Hause kamen, das jenseits des Flusses an dem Berge steht und nach Eurer Meierei hin gerichtet ist. Da fielen sie auf den Schornstein des Hauses, und nachdem sie sich eine Minute oder zwei umgeschaut hatten, flogen sie gerade über den Fluß und ließen sich auf der First des Stalles nieder, wo wir, das Kind und ich, lagen. Glaubt Ihr, Sir, daß diese Tauben ohne Ursache kamen?"

„Gewiß nicht, Tom", sagte Herr Martin.

„Gut, die Frau kam ganz erschrocken und erzählte es mir. Sie fing an zu schreien. ‚Stille, du unkluges Weib', sagte ich, ‚das ist desto besser.' Wahrhaftig, das war es. Was denkt Ihr davon, Madam? Die Ziege, die ich Eurer Mutter gab und die denselben Morgen bei Sonnenaufgang neben John Cronin gesehen wurde, grasend und so munter als eine Biene, fiel plötzlich tot hin, ohne daß ein Mensch wußte warum, vor seinen Augen, und in dem Augenblick sah er zwei Tauben von dem Gipfel des

Hauses aus der Stadt fortfliegen nach dem Weg von Lismore. Es war zu derselben Zeit, wo meine Frau sie sah, wie ich Euch erzählt habe."

„Das war in der Tat seltsam, Tom", sagte Herr Martin, „ich wollte, Ihr könntet uns eine Erklärung davon geben."

„Ich wollte, ich dürfte es, Sir", war die Antwort, „aber meine Zunge ist gebunden. Ich darf nur so viel sagen, als mir verstattet ist; ein wenig mehr, als einer Schildwache erlaubt ist, von ihrem Posten sich zu entfernen."

„Mich dünkt, Ihr sagtet, daß Ihr schon vorher einige Bekanntschaft mit dem Manne gehabt hättet, der Euch bei der Heilung Eures Sohnes Beistand leistete?" sagte Herr Martin.

„Freilich, Sir, ich hatte schon eine Probe von dem Mann. Doch mehr darf ich Euch nicht sagen. Aber habt Ihr Lust zu hören, wie er zu seiner Kunst gekommen ist?"

„Oh, sehr gern", sagte Herr Martin.

„Doch Ihr könnt ihn bei seinem Taufnamen nennen, damit wir die Geschichte von ihm besser verstehen", fügte Frau Martin hinzu.

Tom hielt einen Augenblick inne, um den Vorschlag zu erwägen. „Wohlan", sagte er, „ich glaube, ich darf es tun, wie es auch kommen mag. Sein Name ist Patrick. Er war ein durchaus lebhafter, tätiger und gescheiter Mann, und er wäre ein vornehmer Geistlicher geworden, wenn er danach getrachtet hätte. Das erste Mal, wo ich ihn kennenlernte, war bei meiner Mutter Leichenfeier. Ich war in großer Besorgnis, weil ich nicht wußte, wo ich sie hin begraben sollte. Ihr Volk und meines Vaters Volk, ich meine, ihrer beider Freunde unter dem stillen Volk, kämpften miteinander auf das heftigste an dem Kreuzwege von Dunman, auf wessen Kirchhof sie sollte begraben werden; der Streit dauerte drei Nächte, ohne daß er konnte beigelegt werden. Die Nachbarn wunderten sich, daß ich so lange wartete, ehe ich meine Mutter begrübe, aber ich hatte meine Gründe, die ich nur damals nicht sagen konnte. Um kurz zu sein, Patrick kam am vierten Morgen und sagte mir, die Sache sei abgetan, und wir begruben sie auf dem Kilcrumper Kirchhof bei meines Vaters Volk.“

„Das war ein schätzbarer Freund, Tom“, sagte Herr Martin, indem er mit Mühe ein Lächeln unterdrückte, „doch Ihr wolltet uns ja erzählen, wie er zu so großen Einsichten gekommen ist.“

„Herzlich gerne“, antwortete Bourke, „Euer Wohl, Madam, aber ich trinke zuviel von diesem Punsch, Sir; jedoch, die Wahrheit zu sagen, ich habe noch niemals so guten gekostet, der läuft die Gurgel hinab wie süßes Öl. Doch was wollte ich eben sagen? Ja, Patrick war einmal, vor vielen Jahren, auf dem Heimweg von einer Leichenfeier und befand sich auf der Seite des Flusses, die dem großen Wiesengrund gegenüberliegt, neben der Furt von Ballyhefaan. Er hatte ein Glas getrunken, das ist wahr, doch er war nur ein wenig lustig und wußte sehr wohl, was er tat. Der Mond schien, es war in dem Monat August und der Fluß so klar und glänzend wie ein Spiegel. Er hörte eine Zeitlang nichts als den Fall des Wassers an dem Mühlendamm, eine halbe Stunde den Fluß weiter hinab, und dann und wann das Blöcken der Lämmer auf der andern Seite des Flusses. Plötzlich entstand ein Lärm von einer großen Menge Volk, sie lachten, als wollte ihnen das Herz zerspringen, und ein Pfeifer war unter ihnen und machte Musik. Es kam von dem Wiesengrund auf der andern Seite der Furt, und er sah durch den Duft, der über dem Fluß hing, einen ganzen Haufen Volk, welches auf dem Anger tanzte. Patrick liebte den Tanz nicht weniger als das Glas, und das ist genug gesagt; er zog geschwind Schuhe und Strümpfe aus und eilte durch die Furt hinüber. Nachdem er Schuhe und Strümpfe wieder angezogen hatte, ging er in das Getümmel hinein und mischte sich eine Zeitlang darunter, ohne bemerkt zu werden. Er dachte, sie sollten an ihm einen Tänzer sehen, der sie alle überträfe, denn er bildete sich auf die Geschicklichkeit seiner Füße etwas ein, und zwar mit vollem Recht, denn es war kein Bursch in dem ganzen Sprengel, der behendere Sprünge machen konnte. Doch pah!, sein Tanz verhielt sich zu ihrem Tanz, wie sich mein Tanz zu dem Eurigen, Madam, verhalten würde. Es sah gar nicht aus, als ob sie Knochen in ihrem Leib hätten, und sie sprangen in die Höhe, als ob sie nichts ermüden könnte. Patrick schämte sich innerlich, weil er gedacht hatte, seinesgleichen wäre in der ganzen Grafschaft nicht zu finden, und machte sich davon, als ein kleiner, alter Mann zu ihm kam, der die ganze Gesellschaft verdrießlich ansah, als hätte er kein Wohlgefallen an dem, was vorging. ‚Patrick!' sagte er. Patrick starrte ihn an, er dachte nicht, daß jemand ihn kennen sollte. ‚Patrick', sagte er, ‚Ihr habt den Mut verloren, und das ist kein Wunder. Doch es steht ein Freund bei Euch. Ich bin Euer und Euers Vaters Freund, und Euer kleiner Finger ist mir lieber als alles, was hier ist, obgleich sie denken, niemand sei so vortrefflich wie sie. Geht hin in den Kreis und verlangt einen Tanz. Seid ohne Furcht, ich versichere Euch, der Beste von ihnen vermag nicht, was Ihr könnt, wenn Ihr tun wollt, wie ich Euch bitte.' Patrick hatte ein inneres Gefühl, daß er dem alten Manne nicht widersprechen dürfe. Er trat in den Kreis und rief dem Pfeifer zu, den besten Tanz, den er wisse, zu spielen. Und in der Tat, alles, was die andern leisten konnten, war nichts gegen ihn. Er sprang auf wie ein Aal hierhin und dorthin, leicht wie eine Feder, wiewohl das Volk die Musik hören konnte, welcher seine Bewegungen folgten, indem sie zu jeder Bewegung den Takt angaben gleich dem linken Fuße des Pfeifers. Zuerst tanzte er einen Bauerntanz auf ebener Erde. Dann brachten sie einen Tisch herbei, und er tanzte darauf einen Hopser, welcher das Freudengeschrei der ganzen Gesellschaft hervorlockte. Zuletzt verlangte er einen großen, runden Teller, auf welchem man die Speisen zu zerschneiden pflegt, und als sie sahen, daß er gleich einem Kräusel sich darauf drehte, so wußten sie nicht mehr, was sie von ihm halten sollten. Einige rühmten ihn als den besten Tänzer, der in den Kreis gekommen wäre, andere haßten ihn, weil er sie übertraf, gleichwohl hatten sie vollkommen recht, wenn sie sich für besser hielten als ihn oder jeden andern, der schon einen so weiten Weg gemacht hatte."

„Und was war der Grund von diesem großen Erfolg?" fragte Herr Martin.

„Er konnte nicht anders, Sir", erwiderte Tom Bourke. „Die ihm dazu die Geschicklichkeit verliehen, können mehr, als was sie an ihm taten. Wie sich das nun verhalten mag – als er fertig war, wünschten sie, daß er noch einmal tanzen möchte, aber er war müde, und sie konnten ihn nicht überreden. Zuletzt ward er böse und schwur einen teuern Eid, daß er keinen Schritt mehr tanzen wollte, und kaum war das Wort aus seinem Munde, als er sich ganz allein befand und nur eine weiße Kuh neben ihm graste."

„Entdeckte er niemals, wie er mit dieser ungewöhnlichen Fertigkeit im Tanze begabt worden war?" fragte Herr Martin.

„Das will ich Euch gleichfalls erzählen, Sir", antwortete Bourke, „wenn ich daran komme. Auf dem Heimweg ward er von einem Schauer überfallen, und er legte sich zu Bette. Den folgenden Tag hatte er Fieber oder etwas der Art, denn er redete irr, als wenn er wahnsinnig wäre. Sie konnten nicht verstehen, was er sagte, wiewohl er in einem fort redete. Die Ärzte gaben ihn auf, doch die wußten viel, was ihm fehlte. Als er nun, wie ich Euch sage, zehn Tage krank lag und jedermann dachte, er würde hinsterben, trat einer seiner Nachbarn zu ihm ein mit einem Manne, einem Freund von ihm, aus Ballinlacken, der einige Zeit zuvor sich bei ihm aufgehalten hatte. Ich kann Euch von ihm nur so viel sagen, daß er Darby hieß. In dem Augenblick, wo Darby Patrick erblickte, zog er eine kleine Flasche mit Kräutersaft aus seiner Tasche und gab ihm davon zu trinken. Das tat er drei Wochen lang jeden Tag, und danach hatte Patrick Kräfte genug, wieder auszugehen, und war so gesund und stark wie je in seinem Leben. Doch es dauerte lange Zeit, ehe er wieder zu sich selbst kam, und er pflegte den ganzen Tag neben dem Graben zu wandeln, mit sich selbst im Gespräch, gleich als wäre jemand bei ihm. Und so war es in der Tat, oder er wäre der Mann nicht, der er heute ist."

„Ich denke, von einem solchen Gefährten sind ihm seine Kenntnisse mitgeteilt worden", sagte Herr Martin.

„Ihr habt es getroffen, Sir", antwortete Bourke. „Darby sagte ihm, seine Freunde wären zufrieden mit dem, was er in jener Nacht im Tanzen getan hätte, und obgleich nicht imstand, das Fieber zu verhindern, wollten sie ihn doch nicht unterliegen lassen und ihm Wissenschaft von Dingen geben, die außer ihnen nicht vielen bekannt wären. Das taten sie auch. Ihr werdet selbst merken, das Volk, das er in der Nacht auf dem Wiesengrund antraf, waren Freunde von einer besondern Partei, ausgenommen der alte Mann, der ihn anredete. Er war ein Freund von Patricks Familie, und es ging ihm gegen das Herz, daß die andern so leicht und behend sich zeigten, und es war ihm innerlich kränkend anzuhören, wie sie prahlten, daß ihre Reigen und Tänze durch die ganze Grafschaft sich erstreckten. Darum verlieh er Patrick die Geschicklichkeit zum Tanz und hernach die Wissenschaft, weshalb ihn alle, die ihn kennen, anstaunen. Und es ist kein Zweifel, er lernte sie zu der Zeit, als er nach dem Fieber in seinen Gedanken auf und ab ging."

„Ich habe manche wunderliche Geschichte von dem Wiesengrund bei der Furt von Ballyhefaan gehört", sagte Herr Martin. „Es ist ein großer Versammlungsplatz für das stille Volk, nicht wahr, Tom?"

„Das ist wohl wahr, Sir", antwortete Bourke, „ich könnte Euch vieles davon erzählen. Wie oft habe ich zwei Stunden lang auf dem jenseitigen Ufer gesessen bei Mondschein und habe zugesehen, wenn sie im Ringe spielten, als sollte ihnen das Herz davon zerspringen; mit ihren Röckchen und Leibchen, und eine Partei hatte weiße Tücher auf dem Kopf, die andere rote, gerade wie Ihr es sonntags auf Herrn Simmings großem Felde erblicken könnt. Ich sah sie einmal in einer Nacht beim Untergang des Mondes spielen, ohne daß eine Partei den Ball der andern hätte fangen können. Gewiß hätten sie noch miteinander gekämpft, wenn der Morgen nicht nah gewesen wäre. Wie mir gesagt ist, Madam, so pflegte Euer Großvater gleichfalls sie dort zu sehn", sagte Bourke, indem er sich zu Frau Martin wendete.

„So ist mir auch gesagt, Tom", antwortete sie, „aber es heißt ja auch, der Kirchhof zu Kilcrumper sei nicht weniger ein Lieblingsplatz des stillen Volkes als der Wiesengrund bei Ballyhefaan."

„Das hat seine Richtigkeit, Madam. Aber habt Ihr niemals gehört, was David eben auf jenem Kirchhof begegnet ist?" sagte Bourke, und indem er sich zu Herrn Martin wendete, fuhr er fort: „Es war lange, ehe er in Euern Dienst kam, Sir; er ging eines Abends von dem Markt zu Kilcrumper, ein bißchen lustig, das ist gewiß nach einem solchen Tag, und stieß auf einen Leichenzug. Während er so daneben fortwandelte, deuchte ihn, daß er in dem ganzen Haufen keine Mutterseele kannte als einen Mann, von dem er doch wußte, daß er schon vor vielen Jahren gestorben war. Indessen ging er mit dem Zuge fort, bis sie zu dem Kirchhof zu Kilcrumper kamen, und ging wirklich mit hinein, um mit anzusehen, wie die Leiche beerdigt wurde. Sobald das Grab zugedeckt war, hatten sie nichts Eiligeres zu tun, als sich um einen Pfeifer zu versammeln, der mit ihnen gekommen war, und einen Tanz anzuheben, als ob das eine

Hochzeit wäre. David wäre wohl gerne dabeigewesen (denn er hatte damals keinen so schlimmen Fuß, wie er jetzt wohl haben mag), doch er empfand eine gewisse Scheu hinzuzutreten, weil ihm alle so fremd vorkamen, den einen Mann ausgenommen, von dem er, wie schon gesagt, glaubte, daß er tot sei. Aber ebendieser Mann, als er Davids Lust bemerkte, kam zu ihm heran. ‚David‘, sagte er, ‚suche dir eine Tänzerin aus, und versuche dein Bestes, aber nimm dich in acht, daß du ihr nicht einen Kuß anbietest.‘ – ‚Ich will mich hüten‘, sagte David, ‚und wenn ihre Lippen von Honig wären.‘ Und darauf ging er und bot dem artigsten Mädchen im ganzen Kreis die Hand und fing an, mit ihm zu tanzen. Sie tanzten einen Hüpfauf und tanzten ihn zur Bewunderung aller, die zugegen waren. Das war nun gut, bis der Tanz vorbei war, aber gerade als er zu Ende ging, vergaß sich David, der ein Tröpfchen zuviel getrunken hatte und von dem Tanzen erhitzt war, und küßte, der Sitte gemäß, seine Tänzerin. Kaum aber hatten sich ihre Lippen berührt, so befand er sich mutterseligallein auf dem Kirchhof, kein lebendes Wesen bei ihm und alles, was er sehen konnte, waren die hohen Grabsteine. David erzählte zwar, es sei ihm vorgekommen, als wenn sie tanzten, aber ich vermute, das kam ihm nur so vor wegen des Wunderbaren, das ihm begegnet war, und weil er ein wenig zu tief ins Glas gesehen hatte. Indessen fand er, daß es viel später war, als er sich vorgestellt hatte, denn es war bald Morgen, da er heimkam. Doch niemand konnte ein Wort von ihm herausbringen bis den folgenden Tag, nachdem er um Mittag aus einem Todesschlaf erwachte.“

Als Tom die Erzählung von David Roche und dem Leichenzug beendigt hatte, war es ganz deutlich, daß Geister, von welcher Art sie nun sein mochten, zu mächtig in ihm sich regten, als daß sie noch weitere Erzählungen von dem stillen Volk gestattet hätten. Tom schien das zu fühlen. Er murmelte ein paar Augenblicke abgebrochene Worte von Kirchhof, Flußufer, Wichtelmännern, welche völlig unverständlich waren, vielleicht ihm selbst. Endlich machte er mit dem Kopfe eine Bewegung in die Höhe, als wollte er sagen: „Ich könnte noch mehr erzählen!", reichte mit seiner Hand nach dem Tisch, auf welchen er den geleerten Becher langsam und mit einem klugen und behutsamen Wesen hinsetzte. Dann erhob er sich von seinem Stuhl und ging oder vielmehr schwankte zu der Türe des Zimmers. Hierauf wendete er sich wieder gegen den Hauswirt und seine Frau, und nach einigen erfolglosen Anstrengungen, ihnen gute Nacht zu wünschen, indem die Worte, wie sie hervorkamen, von einem heftigen Schlucken unterbrochen wurden, während die Türe, die er an der Klinke gefaßt hatte, hin und her fuhr und seinen ungelenken Körper mitbewegte, war er genötigt, stillschweigends fortzugehen. Ein Hirtenknabe, den sein Weib abgeschickt hatte, weil sie wohl wußte, welche Art von Lockung ihn festhielt, wenn er über die bestimmte Zeit ausblieb, wartete schon, um seinen Herrn heimzuführen. Ich zweifle nicht, daß er, ohne Schaden zu nehmen, glücklich nach Haus gekommen ist, denn ich weiß, daß er in dem letzten Monat, um seine eigenen Worte zu gebrauchen, so frisch und munter war als irgendein Mann von seinem Alter in der Grafschaft Corcaigh.

Die verwandelten Elfen

John Mulligan war ein so ehrlicher alter Bursche, als je einer in Ceatharlach seinem Pferde Sporn in die Seiten gesetzt hat. Außerdem war er der lustigste und munterste Geselle bei einem Punschnapf, den man weit und breit im Lande finden konnte. Er pflegte aber ein gutes Pferd zu reiten, und ein besserer Punsch als der seinige wurde bei neunzehn Edelleuten nicht getrunken.

Mulligan glaubte steif und fest an Geister und ward bös, wenn jemand daran zweifelte. Er wußte mehr Geschichten davon, als in zwei Quartanten könnten gedruckt werden, und er versäumte nicht, sie zu erzählen, sobald er einen Zuhörer finden konnte. Einige glaubten ihm diese Geschichten, die meisten glaubten sie nicht; doch niemand pflegte zuletzt mehr dem alten Manne zu widersprechen, weil es unbarmherzig gewesen wäre, ihn damit zu quälen. Doch in seiner Nachbarschaft befanden sich ein paar junge Leute, welche eben zum ersten Male während der Ferienzeit von der hohen Schule gekommen waren und die Sommermonate bei ihrem Oheim, Herrn Whaley, zubrachten, einem alten Anhänger von Cromwell, der zu

Ballybegmullinahone wohnte. Sie waren von ihrer Schulweisheit zu sehr angefüllt, als daß es ihnen möglich gewesen wäre, den alten Mann unangefochten seiner Wege gehen zu lassen.

Sie belachten jede Geschichte, die er vorbrachte, und riefen: „Das ist unmöglich! Das ist alter Weiber Geschwätz!" oder dergleichen. Wenn er behauptete, seine Geschichten wären aus der reinsten Quelle geflossen, ja einige ihm von seiner eigenen Großmutter, einer achtungswürdigen alten Dame, wenn auch leichtbeweglichen Geistes, als Dinge erzählt worden, die sie selbst erlebt hätte, so schnitten sie das Gespräch damit ab, daß sie behaupteten, die Großmutter wäre schon damals kindisch gewesen und hätte ohnehin in ihrer besten Zeit große Neigung gehabt, bei ihren Erzählungen ein langes Seil zu drehen.

„Aber", sagten sie, „Mulligan, habt Ihr denn selbst jemals einen Elfen gesehen?"

„Niemals", antwortete er.

„Wohlan", riefen sie, „bis dahin narrt uns nicht mit solchen Erzählungen von Eurer Großmutter."

An diesem Fleck war Mulligan besonders empfindlich, und er wollte für seine Großmutter in die Schranken treten, aber die jungen Leute waren ihm zu scharf, und zuletzt geriet er in Hitze, wie gewöhnlich der, welcher bei einem Streit im Nachteil ist. Diesen Abend (da er bei ihrem Oheim, der sein alter Freund war, zu Mittag gegessen) hatte er ziemlich reichlich getrunken und war ganz aufgeregt. Endlich ward er ganz leidenschaftlich, ließ die Pferde vorführen, und ungeachtet aller Bitten des Hausherrn jagte er fort, obgleich er willens gewesen war, da zu schlafen.

„Ich mag nichts mehr mit diesen beiden Maulaffen und Gelbschnäbeln zu tun haben", rief er, „die, weil sie gelernt haben, unnützes, in Trutenfüßen gedrucktes Zeug zu lesen, und von einigen rotnasigen, geschwätzigen alten Perückenstöcken unterrichtet worden sind (nicht daß ich sagen wollte, es könnte einer, der eine rote Nase hat, kein ehrlicher Mann sein), sich einbilden, sie wüßten mehr als ein rechtschaffener Kerl, der sich's sauer auf der Welt hat werden und ein paar Schock Jahre lang sich den Wind ins Gesicht wehen lassen."

In ärgerlicher Hast ritt er fort und jagte so gewaltig, als sein Roß über die Kalksteine dahinsprengen konnte. „Verdammt!" stammelte er, „Gott verzeihe mir meine Sünde! Die Schurken hatten in einem Stücke recht, daß ich niemals Elfen gesehen! So wollte ich doch fünf Acker Land, so gut als eins, auf dem je Kartoffeln wuchsen, darum geben, könnte ich nur einen Schimmer – aber, gerechter Himmel, was ist das?"

Er blickte auf; vor seinen Augen zeigte sich das artigste Schauspiel von der Welt. Der Weg führte an einer anmutigen Ebene vorüber; hier und da standen Bäume, nicht dicht wie in einem Wald, sondern fünf oder sechs beisammen oder auch einer ganz allein, und erhoben sich über dem grünen Grund, wie ein Vorgebirg aus der See aufsteigt. Er war gerade der Krone des Gehölzes gegenüber gekommen, einer Eiche, welche in den ältesten Urkunden der Grafschaft (und die waren wenigstens fünfhundert Jahr alt) die alte Eiche von Ballinhassig genannt wurde. Die Zeit hatte den Stamm ausgehöhlt, während noch immer mächtige Äste mit ihrem dunkeln, gezackten

Laubwerk hin und her sich bewegten. Der Mond schien eben in vollem Glanz, und bei diesem Licht bemerkte Mulligan eine allerliebste Gesellschaft kleiner, artiger Gestalten, die unter der Eiche in immerwährender, behender Bewegung tanzten. Es waren viele beisammen; einige breiteten sich fern noch über den fernsten Schatten der Eichenäste aus; andere zeigten sich glänzend in den fliegenden Lichtern, die zwischen den Blättern durchdrangen; andere konnte man ungehindert sehen, wie sie sich am Stamme unten niedergelassen hatten; andere endlich waren ohne Zweifel vor seinen Augen noch verborgen. Niemals hat man etwas Lieblicheres gesehen. Sie waren kaum drei Daumen hoch, aber weiß wie der gefallene Schnee und von unzähliger Menge. Mulligan hing dem Pferd den Zügel über den Hals und ritt bis zu der niedrigen Mauer, welche die Anlage umgab, und darauf gelehnt, beobachtete er mit unaussprechlichem Vergnügen ihre Tänze und Sprünge. Bei diesem längern Anschauen bemerkte er bald manches, was ihm anfangs nicht in die Augen gefallen war. Besonders zeigte sich in der Mitte der König in größerer Gestalt, um welchen sich die Gruppe zu bewegen schien. Er starrte so lange, bis er endlich vor Freude sich nicht mehr zurückhalten konnte und laut rief: „Recht so, kleiner Geselle! Wohl gesprungen und tüchtig!" Aber in demselben Augenblick, wo er diese Worte ausgesprochen hatte, verfinsterte sich die Nacht, und die Elfen verschwanden mit Blitzesschnelle.

„Ich wünschte", sagte Mulligan, „ich hätte meine Zunge im Zaum gehalten; doch es macht nichts aus. Jetzt will ich sogleich umkehren und nach der Burg Ballybegmullinahone zurückgehn und die eingebildeten, überklugen Herrn auf diesen Platz heraustreiben.“

Mulligan eilte mit Windesschnelligkeit zurück. Er rasselte heftig an der Türe und rief laut nach den beiden Jünglingen.

„Heda“, sagte er, „ihr jungen Plattköpfe, kommt herunter, wenn ihr getraut. Ihr sollt Euch mit eigenen Augen überzeugen, daß ich wahr gesprochen habe.“

Der alte Whaley steckte seinen Kopf aus dem Fenster und sprach: „John Mulligan, was bringt Euch so spät wieder zurück?“

„Die Elfen!“ schrie er, „die Elfen!“

„Ich fürchte“, murmelte der Herr von Ballybegmullinahone, „Ihr habt in das letzte Glas, das Ihr trankt, zuwenig Wasser gegossen; doch es hat nichts zu sagen, kommt herein und kühlt Euch bei einem Becher Punsch ab.“

Er kam herein und setzte sich wieder an den Tisch. In großer Begeisterung erzählte er seine Geschichte. Tausend und abermal tausend Elfen hatte er gesehn, tanzend unter der alten Reiche von Ballinhassig. Er beschrieb ihre prächtigen Kleider von glänzendem Silber, ihre runden, flachen Hüte in dem Mondschein schimmernd und die fürstliche Gestalt und Haltung des Oberhaupts. Er fügte hinzu, daß er ihren Gesang gehört und die entzückende Musik, die sie gemacht hätten. Doch das war bloße Einbildung. Die jungen Leute lachten; Mulligan ließ sich nicht irren.

„Wenn wir nun“, sagte einer von ihnen, „mit Euch gemeinschaftlich zu dem Platz hinausritten, wo Ihr die prächtige Gesellschaft von Elfen gesehen habt?“

„Gut", rief Mulligan, „nur kann ich Euch nicht versprechen, daß Ihr sie dort finden werdet, denn ich sah sie in die Höhe rauschen wie einen Schwarm Bienen und hörte ihre Flügel in der Luft sausen." Das war aber eine Prahlerei, denn Mulligan hatte nichts dergleichen gehört.

Sie ritten alle drei fort und kamen zu dem Gehölz. Sie langten bei der Mauer an, dem großen Baum gegenüber, und der Mond war aus den Wolken wieder aufgetaucht und schien so hell, als wie Mulligan zuerst vorbeikam. „Schau dort", rief er frohlockend, denn dasselbe Schauspiel begann wieder vor seinen Augen, und deutete mit seiner Reitgerte hin, „schaut und leugnet, wenn Ihr imstande seid."

„Wahrhaftig", sagte einer von den Jünglingen mit einigem Nachsinnen, „dort sehen wir eine Gesellschaft weißer Gestalten; aber wären das Geister noch zehnmal mehr, ich gehe doch unter sie." Damit stieg er ab, um über die Mauer zu klettern.

„Ach, Thomas, Thomas!" rief Mulligan. „Halt! Halt! Was wollt Ihr tun? Die Geister, das stille Volk mein ich, haben es nicht gern, wenn sich jemand unter sie mischt. Ihr werdet gezwickt oder geblendet oder Euer Pferd verliert die Eisen oder – nun seht! Einen Eigensinnigen muß man gewähren lassen. Ach! Oh! Oh! Jetzt ist er bald bei der Eiche. Gott stehe ihm bei, denn kein Mensch kann ihm mehr helfen!"

In diesem Augenblick war Thomas bei der Eiche angelangt und wollte bersten vor Lachen. „Mulligan", rief er, „behaltet Eure Gebete für Euch; Eure Geister sind nicht so bösartig. Ich glaube, sie geben eine leidlich gute Brühe."

„Brühe?" sagte Mulligan, welcher, als er fand, daß die beiden

Jünglinge (denn der zweite war seinem Bruder gefolgt) mitten unter den Geistern lachend standen, abgestiegen und langsam vorgegangen war, „was meint Ihr mit Brühe?"

„Nichts", antwortete Thomas, „als daß es Schwämme sind" (denn das waren sie wirklich), „und Euer Oberon ist nur ein übergroß gewachsener Pilz."

Der arme Mulligan gab sein Erstaunen in einem langen Ausruf zu erkennen, schwankte, ohne noch ein Wort zu sprechen, zu seinem Pferd und ritt in starkem Galopp nach Haus, ohne einmal hinter sich zu schauen. Es dauerte lang, ehe er es wagte, den beiden Lachern in Ballybegmullinahone vor die Augen zu treten, und bis zu seinem Tod nannte ihn das Volk den Pilzen-John in diesem und fünf andern Kirchsprengeln.

DIE BANSHEE

DIE BANSHEE VON BUNWORTH

Um die Mitte des vorigen Jahrhunderts war Pfarrer zu Buttevant in der Grafschaft Corcaigh der ehrwürdige Herr Charles Bunworth, ein Mann von gründlichen Kenntnissen und ungeheuchelter Frömmigkeit. Von den Reichen war er geachtet, von den Armen geliebt, und ein Unterschied im Glauben minderte nicht die Zuversicht, mit der sie sich in einer schwierigen Angelegenheit oder in Zeiten des Mißgeschickes an ihn wendeten; denn sie waren gewiß, von ihm Beistand in Rat und Tat zu erhalten, wie ihn ein Vater seinen Kindern zu gewähren pflegt. Zu ihm kamen aus der benachbarten Stadt Newmarket seines Rates und Unterrichts wegen Curran sowohl als Yelverton vor ihrem Eintritt in die hohe Schule zu Dublin. Jung, ohne Vermögen und Erfahrung, empfingen diese späterhin berühmten Männer außer der Belehrung, die sie suchten, noch Unterstützung in Geld, und ihre glänzende Laufbahn in der Folge rechtfertigte den feinen Takt, womit der Geber sie auszeichnete.

Was indessen den Ruf des Herrn Bunworth weit über die Grenzen der nächsten Kirchsprengel verbreitete, war seine Fertigkeit auf der irischen Harfe und die gastfreundliche Aufnahme und Bewirtung der armen Harfenspieler, die von Haus zu Haus in der Grafschaft umherzogen. Dankbar sangen sie auf ihren Wanderungen den Ruhm des Wohltäters zu den rauschenden Tönen ihrer Harfe, indem sie zur Vergeltung seiner Güte reiche Segnungen auf sein weißes Haupt herabriefen und in schlichten, kunstlosen Worten die Reize seiner blühenden Töchter, Elisabeth und Molly, priesen. Es war alles, was diese armen Sänger vermochten; aber wer will an der Aufrichtigkeit ihres Dankes zweifeln, da bei dem Tod des Herrn Bunworth nicht weniger als fünfzehn Harfen auf dem Boden seines Kornhauses sich hinterlegt fanden, die ihm von den letzten Gliedern eines Stammes, der nun aufgehört hat zu bestehen, waren vermacht worden?

Geringfügig ohne Zweifel war der eigentliche Wert dieser Überbleibsel; doch in den Gaben des Herzens liegt etwas, was verdient, erhalten zu werden, und es ist zu bedauern, daß nach seinem Tode diese Harfen eine nach der andern zerschlagen und von einem unwissenden Glied der Familie, welchem man, als sie für eine Zeitlang ihren Aufenthalt in Corcaigh nahm, die Sorge für das Hauswesen übertragen hatte, zum Feueranmachen verbraucht wurden.

Die Umstände bei dem Tode des Herrn Bunworth mögen von manchem in Zweifel gezogen werden; doch es leben noch jetzt glaubwürdige Zeugen, welche die Wahrhaftigkeit davon behaupten und gestellt werden können, um die meisten, wo nicht alle Einzelheiten der folgenden Erzählung zu verbürgen.

Ungefähr eine Woche vor seinem Ende, bei dem Eintritt der Nacht, ward ein Geräusch an der Saaltüre vernommen, etwa als ob ein Schaf geschoren würde, ohne daß man damals besonders darauf achthatte. Es war bald elf Uhr in derselben Nacht, als der Hirte Kavanagh von Mallow zurückkehrte, wohin er einiger Arzneien wegen nachmittags war ausgeschickt worden, und Miß Bunworth, welcher er das Glas überreichte, bemerkte, daß er sehr verstört aussah. Zu dieser Zeit glaubte man, was wohl zu beachten ist, daß der Zustand ihres Vaters durchaus nicht gefährlich sei.

„Was habt Ihr, Kavanagh?" fragte sie; aber der arme Mensch, mit ganz verwildertem Blick, brachte nur die Worte hervor: „Der Herr, Miß, der Herr, er verläßt uns!", und überwältigt von heftiger Betrübnis, brach er in eine Flut von Tränen aus.

Miß Bunworth, deren kräftige Natur nicht leicht zu schrecken war, fragte, ob er in Mallow etwas gehört hätte, was ihn veranlassen könnte zu vermuten, daß es mit ihrem Vater schlimm stände.

„Ach nein, es war nicht in Mallow –", antwortete er.

„Kavanagh", sagte Miß Bunworth mit jenem entschiedenen Wesen, das in ihrem Charakter lag, „ich fürchte, Ihr habt getrunken, und ich gestehe, daß ich es am wenigsten in dieser Zeit von Euch erwartete, wo Ihr besonders verpflichtet wart, nüchtern zu bleiben. Ich dachte, man könnte sich auf Euch verlassen, was hätten wir anfangen sollen, wenn die Arzneiflasche zerbrach oder verlorenging? Denn der Arzt hat gesagt, es sei von größter Wichtigkeit, daß der Herr noch heute nacht davon nehme; doch ich will morgen mit Euch sprechen, wenn Ihr

Euch in einem Zustand befindet, in welchem Ihr fähiger seid
zu wissen, was Ihr sagt."

Kavanagh schaute auf mit einem dummen Blick, der nicht
dazu dienen konnte, den Eindruck seiner Trunkenheit zu entfernen, sowenig als die trüben, vom Weinen geschwollenen
Augen; doch seine Stimme war nicht die eines Berauschten.

„Miß", sagte er, „so wahr mir Gott helfe! Kein Tropfen ist
über meine Lippen gekommen, seit ich dieses Haus verlassen
habe; doch der Herr –"

„Redet leise", antwortete Miß Bunworth, „er schläft, und es
geht so gut, als wir nur immer erwarten können."

„Gott sei gelobt!" sagte Kavanagh, „doch ach, er verläßt uns,
wahrhaftig, Miß, er verläßt uns!", und rang die Hände.

„Was meint Ihr, Kavanagh?" fragte sie.

„Was ich meine? Die Banshee hat sich gezeigt, seinetwegen,
und ich bin es nicht allein, der sie gehört hat."

„Das ist bloßer Aberglaube!" sagte Miß Bunworth.

„Mag wohl sein!" versetzte Kavanagh, als wenn die Worte
„bloßer Aberglaube" nur in seine Ohren geklungen wären,
ohne seine Seele zu erreichen, „mag wohl sein; doch", fuhr er
fort, „als ich durch das Tal von Ballybeg kam, ging sie daher,
jammernd und schreiend und die Hände zusammenschlagend;
an meiner Seite war sie bei jedem Schritt, den ich auf dem Weg
tat; ihr langes, weißes Haar fiel über ihre Schultern, und ich
konnte hören, wie sie des Herrn Namen dann und wann aus-
sprach, so deutlich, als ich jemals gehört habe. Wie ich zu der
alten Abtei kam, verließ sie mich und wendete sich nach dem
Taubenfeld zunächst dem Gottesacker, und sich in ihren Man-

tel hüllend, setzte sie sich unter einen vom Blitz gespaltenen Baum und hob an, so bitterlich zu wehklagen, daß es durchs Herz ging, es mit anzuhören."

„Kavanagh", sagte Miß Bunworth, die gleichwohl aufmerksam seiner wunderlichen Erzählung zugehört hatte, „mein Vater befindet sich, wie ich glaube, besser, und ich hoffe, er wird bald wieder auf sein und selbst imstande, Euch zu überzeugen, daß dies alles nur Einbildung von Euch ist. Indessen verlange ich von Euch, nichts von dem zu erwähnen, was Ihr mir soeben erzählt habt, denn es ist nicht der Augenblick, die Leute im Hause mit dieser Geschichte in Furcht zu setzen."

Herrn Bunworths Kräfte nahmen allmählich ab, doch kein besonderer Umstand ereignete sich, bis zu der Nacht vor seinem Tode. In dieser Nacht ließen die beiden Töchter, erschöpft von Wachen und der beständigen, aufmerksamen Pflege, sich überreden, ein wenig auszuruhen; eine ältliche Frau, nahe Verwandte und Freundin der Familie, blieb neben dem Bett des Kranken sitzen.

Der alte Mann lag in dem Gesellschaftszimmer, wohin er den Morgen auf sein eigenes Verlangen gebracht worden war, weil er sich einbildete, diese Veränderung würde ihm einige Erleichterung gewähren; mit dem Kopf lag er nahe an dem Fenster. In dem anstoßenden Zimmer saßen einige Freunde, und wie gewöhnlich bei solchen traurigen Anlässen waren in der Küche mancherlei Menschen aus Anhänglichkeit an die Familie versammelt.

Es war eine mondhelle Nacht, der Kranke schlief, und nichts unterbrach die Stille des traurigen Wachens, als die kleine Gesellschaft in dem anstoßenden Zimmer, dessen Türe offenstand, aufgeschreckt wurde durch einen Ton an dem Fenster nahe bei dem Bett. Ein Rosenbaum stand außen, so nahe, daß er die Scheiben des Fensters berührte. Dieses wurde plötzlich mit einigem Geräusch aufgestoßen und leises Wimmern gehört und ein Zusammenschlagen der Hände, wie von einem Weib in tiefem Jammer. Es schien, als käme der Ton von jemand, der seinen Mund ganz nah an das Fenster hielt.

Die Frau, welche neben dem Bette des Kranken saß, stand auf und ging in das Nebenzimmer und fragte mit ängstlichem Ton die Herren, ob sie die Banshee gehört hätten. Zwei von ihnen, die an übernatürliche Erscheinungen wenig glaubten, standen sogleich auf, um die Ursache jener Klänge zu entdecken, die sie gleichfalls deutlich vernommen hatten.

Sie gingen rund um das Haus, untersuchten jede Stelle, vorzüglich jene in der Nähe des Fensters, woher die Stimme gekommen war; alles Suchen jedoch war vergeblich, sie entdeckten nicht das geringste, und ununterbrochene Stille herrschte überall. In der Hoffnung, das Geheimnis zu enthüllen, setzten sie ihre Nachforschungen die Straße entlang auf das genauste fort, und da diese sehr gerad war und die Nacht vollkommen hell, hinderte sie nichts, rundumher eine ziemliche Strecke zu übersehen; indessen war alles still und öd, und sie kehrten mit Verwunderung und getäuscht in ihren Erwartungen zurück.

Um so größer war ihr Erstaunen, als sie vernahmen, daß in der ganzen Zeit während ihrer Abwesenheit jene, die im Hause zurückgeblieben waren, das Wehklagen und Zusammenschlagen der Hände gehört hatten, und zwar viel lauter und deutlicher als zuvor; und kaum hatten sie die Türe des Zimmers hinter sich zugemacht, als sie abermals jene klägliche Stimme vernahmen. Der Kranke ward von Stunde zu Stunde schlimmer, und beim ersten Schimmer des Morgens tat Herr Bunworth den letzten Atemzug.

EDITION
HERDER

Herder Freiburg · Basel · Wien

Farbfotografien von Rainer Martini

Editorische Notiz: Die Wiedergabe des Textes folgt der deutschen
Erstausgabe, Leipzig, Friedrich Fleischer, 1826. Der dort beinhaltete
wissenschaftliche Exkurs über die Elfen in Schottland sowie die
Anmerkungen und das kurze Legendenmärchen „Der Wechselbalg"
fanden in die vorliegende Ausgabe allerdings keine Aufnahme.
Die von den Brüdern Grimm häufig eingedeutschten Eigennamen
wurden nach den Anmerkungen der Originalausgabe in die irische
Nennung zurückgeführt und die Zeichensetzung und die Recht-
schreibung behutsam der heutigen Schreibweise angeglichen.

Band 20 der Edition Herder,
Teilband II
Erste Auflage 1996
© Verlag Herder Freiburg im Breisgau 1996

Gedruckt auf umweltfreundlichem,
chlorfrei gebleichtem Papier

Alle Rechte vorbehalten – Printed in Italy
Umschlaggestaltung: Hermann Bausch
Satz: Freiburger Graphische Betriebe 1996
Reproduktionen: HWF Müller GmbH, Denzlingen
Herstellung: L. E. G. O. Olivotto S. P. A., Vicenza 1996
ISBN 3-451-26147-2 (Band II)
ISBN 3-451-26053-0 (Gesamt)

Inhalt

DIE BANSHEE VON MACCARTHY

harles MacCarthy war im Jahre 1749 der einzige noch lebende Sohn einer zahlreichen Familie. Sein Vater starb, als er wenig mehr als zwanzig Jahr alt war, und hinterließ ihm die Güter ziemlich unverschuldet. Charles war lebhaft und wohlgebildet, weder durch Dürftigkeit noch einen Vater oder Wächter gezügelt und ebendeshalb in einem solchen Alter kein Tugendspiegel. Offenherzig zu reden, er war ein verschwenderischer, man sollte wohl sagen wüster Schwelger. Seinen Umgang suchte er, wie sich denken läßt, in der benachbarten Jugend der höheren Stände, deren Vermögensumstände in der Regel glänzender waren als die seinigen, deren Hang zu Vergnügungen deshalb noch weniger Einschränkung kannte und in deren Beispiel er ebensowohl Anreizung zu seinem unordentlichen Leben als Billigung desselben fand.

Charles MacCarthy versank so tief in die Lüste, welchen sich zu ergeben die schwache Jugend ohnehin geneigt ist, daß um die Zeit, wo er sein vierundzwanzigstes Jahr vollendete, er von einem heftigen Fieber befallen wurde, welches als höchst bösartig bei der Hinfälligkeit seines Körpers kaum Hoffnung zur

Genesung ließ. Seine Mutter, die anfänglich mancherlei Anstrengungen gemacht hatte, ihn von dem Irrwege abzubringen, und am Ende genötigt war, die raschen Fortschritte zum Verderben mit stiller Verzweiflung anzusehen, wachte Tag und Nacht bei seinem Lager. Die Angst des mütterlichen Gefühls war gemischt mit einem noch tiefern Jammer, welchen jene allein kennen, die, unablässig bemüht, ein geliebtes Kind in Tugend und Frömmigkeit zu erhalten, gesehen haben, wie es nach den Wünschen ihres Herzens bis zum Manne heranwuchs, dann, wenn ihr Stolz am höchsten war, erleben mußten, daß eben das, was ihnen das Liebste auf der Welt war, sorglos in den Strom des Lasters sich stürzte und nach einem schnellen Lauf vor die Pforten der Ewigkeit zu stehen kam, ohne Zeit und Kraft zur Reue. Es war ihr heißes Gebet, wenn sein Leben nicht könnte erhalten werden, daß die Bewußtlosigkeit, welche seit den ersten Stunden seiner Krankheit mit immer wachsender Gewalt fortdauerte, vor seinem Ende aufhören und ihm Besinnung und Ruhe genug hinterlassen möchte, seinen Frieden mit dem beleidigten Himmel zu machen. Nach wenigen Tagen indessen schien die Natur völlig erschöpft, und er versank in einen Zustand, der dem Tode zu ähnlich war, als daß man ihn für Ruhe des Schlafens hätte halten können. Sein Gesicht war bleich, glatt und marmorartig, zum sichersten Zeichen, daß das Leben die irdische Wohnung verlassen hat. Seine Augen waren geschlossen und eingesunken; die Augenlider hatten jenes erstarrte und eingedrückte Wesen, das anzuzeigen pflegt, daß die Hand eines Freundes schon den letzten Dienst geleistet hat. Die Lippen, halb geschlossen und vollkommen aschgrau, ließen nur etwas von den Zähnen sehen, um dem Bild des Todes seinen furchtbarsten, aber ausdruckvollsten Zug zu geben. Er lag auf dem Rücken, die Hände zur Seite ausgestreckt, ganz bewegungslos, und die erschütterte Mutter konnte nach wiederholten Versuchen nicht das geringste Zeichen von Leben entdecken. Der Arzt, der zugegen war und die üblichen Proben angestellt hatte, um Gewißheit über den Zustand zu erhalten, erklärte endlich, daß er verschieden sei, und traf Anstalt, das Sterbehaus zu verlassen. Sein Pferd wurde vorgeführt. Eine Menge Leute, die sich vor den Fenstern oder in Haufen hier und da auf dem Platz versammelt hatten, eilten herzu, als die Türe sich öffnete. Es waren Diener des Hauses, Leute, die Wohltaten empfingen, arme Verwandte der Familie, wozu noch andere sich gesellten, durch Anhänglichkeit herbeigezogen, auch wohl durch Teilnahme, die zwar mit aus Neugierde entspringt, aber doch noch etwas mehr ist, und welche die niedern Stände um ein Haus zu versammeln pflegt, wo ein menschliches Wesen in die andere Welt übergeht. Sie sahen den Mann, der im Beruf zugegen gewesen war, aus der Haustüre treten und zu dem Pferde gehen; und während er langsam, mit traurigem Wesen, sich anschickte aufzusteigen, drängten sie sich forschenden und bewegten Blicks um ihn her. Man hörte kein lautes Wort, und doch war ihre Meinung außer Zweifel; der Arzt, als er aufgesessen war, während der Diener beständig den Zaum in den Händen behielt, als wollte er ihn zurückhalten, und ängstlich nach seinen Mienen schaute, als wenn er erwartete, er werde die beklemmende Ungewißheit lösen, schüttelte den Kopf und sagte mit gedämpfter Stimme: „Es ist vorbei,

Jacob!", und ritt langsam fort. Kaum war das Wort aus seinem Munde, so stießen die in nicht geringer Zahl anwesenden Weiber einen Schrei aus, welcher, nachdem er eine halbe Minute gedauert hatte, in ein lautes, fortgesetztes und mißhelliges, aber jammervolles Wehklagen herabsank, durch welches nur dann und wann die tiefern Töne männlicher Stimmen drangen, manchmal in abgebrochenem Schluchzen, manchmal in deutlichen Ausrufungen des Schmerzes. Charles' Milchbruder ging unter der Menge umher, die Hände bald zusammenschlagend, bald in schmerzvoller Angst ringend. Der arme Bursch war in der Jugend Charles' Gefährte und Spielgenosse, in der Folge sein Diener gewesen, hatte sich immer durch eine besondere Anhänglichkeit ausgezeichnet und seinen jungen Herrn wie sein eigenes Leben geliebt.

Als die Mutter überzeugt war, daß der harte Schlag sie wirklich getroffen hatte und ihr geliebter Sohn in der Blüte seiner Sünde dahingegangen war, die letzte Rechenschaft abzulegen, blieb sie eine Zeitlang und schaute mit unverwandten Blicken das erstarrte Antlitz an; dann, als habe plötzlich etwas die Saite ihrer zärtlichsten Liebe berührt, rollte eine Träne nach der andern über ihre von Angst und Nachtwachen abgebleichten Wangen. Sie schaute noch immer auf ihren Sohn, ohne zu wissen, daß sie weinte, und ohne nur einmal ihr Tuch vor die Augen zu halten, bis sie an die beschwerlichen Pflichten, welche herkömmliche Landessitte ihr auflegte, durch die Menge Frauen erinnert ward, die zu der bessern Klasse der Bauern gehörten und nun unter lautem Schreien beinahe das ganze Gemach anfüllten. Sie entfernte sich hierauf, um Anordnungen wegen der Feierlichkeit bei dem Wachen zu treffen und um die zahlreichen Besucher aus allen Ständen mit den bei dieser traurigen Gelegenheit üblichen Erfrischungen versorgen zu lassen. Obgleich ihre Stimme kaum gehört wurde und niemand sie sah als zwei Diener und ein oder zwei bewährte Hausfreunde, die ihr bei den nötigsten Einrichtungen Beistand leisteten, so wurde doch alles mit der größten Regelmäßigkeit ausgeführt. Und wiewohl sie sich keineswegs anstrengte, ihren Schmerz zu unterdrücken, so hemmte er doch keinen Augenblick ihre Aufmerksamkeit, die gerade jetzt nötiger als je war, um Ordnung in ihrem Hauswesen zu erhalten, welches in dieser Unglückszeit ohne sie ganz in Verwirrung geraten wäre.

Die Nacht war ziemlich vorgerückt, das laute Jammergeschrei, welches den Tag über in und um das Haus herrschte, hatte einem feierlichen und düstern Schweigen Platz gemacht, und Frau MacCarthy, der das Herz ungeachtet der langen Ermüdung und nächtlichen Wachen zu schwer war, um schlafen zu können, lag in heißem Gebet auf den Knien in einem Zimmer, das unmittelbar an das ihres Sohnes stieß. Plötzlich ward sie in ihrer Andacht durch ein ungewöhnliches Geräusch unterbrochen, welches von den Personen kam, die bei der Leiche wachten. Zuerst war es ein leises Gemurmel, dann war alles still, als wenn die Bewegungen jener, die in dem Zimmer sich befanden, durch einen heftigen Schrecken wären gelähmt worden; jetzt brach ein lauter Schrei des Entsetzens aus, die Türe des Zimmers ward aufgerissen, und was im Gedränge sich aufrecht erhalten konnte, stürzte wild untereinander nach der Treppe hin, zu welcher der Weg durch der Frau MacCarthy

Gemach führte. Frau MacCarthy drang durch das Gewirr in das Zimmer ihres Sohns und fand ihn aufrecht im Bette sitzen, starr um sich schauend, gleich einem, der aus dem Grabe erstanden ist. Ein gewisser Glanz, der sich über die eingesunkenen Züge und die spitzen, abgestorbenen Formen verbreitete, verlieh seinem ganzen Anblick etwas überirdisch Grausenhaftes. Frau MacCarthy war nicht ohne Festigkeit der Seele, aber befangen in dem Aberglauben ihres Vaterlandes. Sie sank auf die Knie, und die Hände faltend, betete sie laut. Die Gestalt vor ihr bewegte den Mund und brachte bloß „Mutter!" heraus; die bleichen Lippen zuckten, als hätten sie die Absicht, den Gedanken zu beendigen, aber die Zunge versagte den Dienst. Sie sprang auf ihn zu, und die Hände ausstreckend, rief sie: „Im Namen Gottes und seiner Heiligen, rede: Lebst du?"

Er wendete sich langsam zu ihr hin und sprach mit sichtbarer Anstrengung: „Ja, meine Mutter, ich lebe; aber sitzt nieder und sammelt Euch. Ich will Euch etwas erzählen, worüber Ihr mehr erstaunen werdet als über das, was Ihr gesehen habt!" Er lehnte sich aufs Kopfkissen zurück, und während sie neben dem Bette knien blieb, eine von seinen Händen in den ihrigen haltend und zu ihm aufschauend wie jemand, der seinen eigenen Sinnen nicht mehr traut, fuhr er fort: „Unterbrecht mich nicht, bis ich zu Ende bin; ich möchte gerne sprechen, solange der Reiz des wiederkehrenden Lebens in mir dauert, denn ich fühle, daß ich hernach langer Ruhe bedarf. Von dem Anfang meiner Krankheit habe ich nur eine verwirrte Erinnerung, doch in den letzten zwölf Stunden habe ich vor dem Richterstuhl Gottes gestanden. Starrt mich nicht so ungläubig an, Mutter; es ist wahr, wie es meine Sünden sind und wie ich hoffe, daß es meine Reue sein wird. Ich habe den hehren Richter gesehen, strahlend in all den Schrecken, die ihn umgeben, wenn die Gnade der Gerechtigkeit weicht. Ich habe die furchtbare Herrlichkeit der beleidigten Allmacht gesehen, und ich erinnere mich dessen wohl. Es ist mir fest eingeprägt und mit unauslöschlicher Schrift in mein Gehirn gedrückt, aber dahin reicht menschliche Sprache nicht. Soviel ich kann, will ich beschreiben; ich muß mich kurz fassen. Es ist genug gesagt: Ich ward auf die Waage gelegt und zu leicht befunden. Das unwiderrufliche Urteil sollte eben gefällt werden, die Augen meines allmächtigen Richters, die mich angestrahlt hatten, sprachen schon halb meine Verdammung aus, als ich bemerkte, daß der heilige Schutzengel, an den Ihr so oft mein Gebet richtetet, als ich noch ein Kind war, mit einem Ausdruck voll Güte und Mitleid mich ansah. Ich streckte die Hände nach ihm aus und flehte um seine Fürsprache. Ein Jahr nur, ein Monat, bat ich, möchte mir noch auf Erden gegeben werden zur Reue und Sühne für meine Vergehungen. Er kniete selbst vor den Füßen meines Richters und flehte um Gnade. Ach! Niemals, und sollte ich noch übergehen nacheinander in zehntausend verschiedene Zustände meines Daseins, niemals in alle Ewigkeit werde ich das Entsetzen jenes Augenblickes vergessen, wo mein Schicksal zur Entscheidung kam und von einer Sekunde abhing, ob unaussprechliche Qualen auf endlose Zeiten mein Los sein sollten. Doch die Gerechtigkeit verschob ihren Beschluß, und die Gnade sprach in festem, mildem Ton: ‚Kehre zurück auf die Welt, in welcher du gelebt hast, aber nur um die Gesetze dessen zu versöhnen, der die Welt und dich geschaffen hat. Drei Jahre sind dir gegeben zu bereuen; sind diese verflossen, dann sollst du abermals hier stehen, um erlöst zu werden oder dem ewigen Verderben preisgegeben.' Ich hörte nichts mehr, ich sah nichts mehr, bis ich zum Leben erwachte in dem Augenblick, wo Ihr eintratet."

Seine Kräfte reichten gerade so weit, um diese letzten Worte zu Ende zu bringen, und sobald er sie ausgesprochen hatte, schloß er die Augen und lag völlig erschöpft. Die Mutter, obgleich sie, wie vorhin bemerkt, übernatürliche Erscheinungen nicht gerade ableugnete, war doch ungewiß, ob sie ihm glauben sollte oder annehmen, daß er, wiewohl aus einer Ohnmacht erwacht, welche die Krisis der Krankheit möchte gewesen sein, noch immer an Geistesabwesenheit litte. Ruhe indessen war ihm in jedem Falle Bedürfnis, und sie traf sogleich Vorkehrungen, daß er sie ungestört genießen konnte. Nach einigen Stunden Schlaf wachte er neugestärkt auf, und von da an nahm die Genesung stufenweise beständig zu.

Charles beharrte stets bei der Erzählung von seiner Vision, so wie er sie gleich das erste Mal gegeben hatte, und die Überzeugung von ihrer Wahrheit mußte notwendig von entschiedenem Einfluß auf seine Lebensweise und sein Betragen sein. Er gab seinen früheren Umgang nicht völlig auf, denn die Heiterkeit seiner Natur war durch seine Umwandlung nicht getrübt worden, aber er nahm an Ausschweifungen niemals teil, dagegen war er oft ernstlich bemüht, die andern davon abzuhalten. Er war gottesfürchtig ohne Scheinheiligkeit, ernst ohne Strenge und gab ein Beispiel, wie Laster in Tugend sich umwandeln könne, ohne vornehm, herb und trübselig zu werden.

Die Zeit verstrich, und lang, ehe die drei Jahre zu Ende gingen, war die Geschichte von der Vision vergessen, oder wenn die Rede darauf kam, wurde sie gewöhnlich als ein Beweis angeführt, wie unvernünftig es sei, an solche Dinge zu glauben. Charles' Gesundheit, bei der Mäßigung und Regelmäßigkeit seiner Lebensweise, ward kräftiger als je. Es ist wahr, seine Freunde hatten oft Gelegenheit, ihn wegen seines ernsthaften und zurückgezogenen Betragens zu necken, welches man an ihm bemerkte, als sich die Zeit näherte, wo er sein siebenundzwanzigstes Jahr vollendete; gewöhnlich jedoch zeigte er im Umgang jene Lebendigkeit und Heiterkeit, die ihm eigentümlich war. Unter Leuten wich er jedem aus, der sich bemühte, ihm eine bestimmte Äußerung rücksichtlich jener Voraussagung zu entlocken, doch in seiner eigenen Familie war es kein Geheimnis, daß er fest daran glaubte. Indessen als der Tag herankam, an welchem die Prophezeiung durchaus sich bewähren mußte, versprach sein ganzes Aussehen ein so langes und gesundes Leben, daß er sich durch seine Freunde überreden ließ, zur Feier seines Geburtstages eine große Gesellschaft zu einem Gastmahl auf Springhouse einzuladen. Veranlassung dazu und alle Umstände, die sie begleiteten, lernt man am besten kennen, wenn man folgende von Verwandten der Familie sorgfältig aufbewahrten Briefe liest.

Der erste ist von Frau MacCarthy an eine vertraute und bewährte Freundin, welche zu Castle Barry in der Grafschaft Corcaigh etwa zwölf Meilen von Springhouse wohnte: „Dienstag, den 15. Oktober 1752. Teuerste Mary. Ich fürchte, ich setze durch diesen Brief Eure Liebe für Eure alte Freundin und Verwandtin auf eine zu harte Probe. Zwei Tage in dieser Jahreszeit auf schlechten Wegen und in dieser unruhigen Gegend zu reisen, in der Tat, man muß auf eine Freundschaft wie die Eurige bauen, wenn man eine besonnene Frau zu diesem Unternehmen bereden will. Aber in Wahrheit, ich habe oder bilde mir ein, mehr als gewöhnliche Ursache zu haben, Euch in meiner Nähe zu wünschen. Ihr kennt die Geschichte von meinem Sohn. Ich kann nicht sagen, wie es zugeht, aber mit dem, daß der nächste Sonntag heranrückt, wo die Voraussagung seines Traumes sich als falsch oder wahr bewähren muß, fühle ich im Herzen eine Mutlosigkeit, die ich nicht besiegen kann, und Eure Gegenwart, geliebteste Mary, würde, wie sie schon mehr getan hat, manche von meinen Sorgen beschwichtigen. Mein Neffe Jacob Ryan wird sich mit Joane Osborne (wie Ihr wißt, meines Sohnes Mündel) verheiraten, und das Hochzeitsfest soll hier den nächsten Sonntag gefeiert werden, obgleich Charles sehr darauf dringt, es einen oder zwei Tage weiter hinauszuschieben. Wollte Gott – doch ich verspare alles auf mündliche Unterredung. Überwindet Euch, Euren guten Mann auf eine Woche zu verlassen, wenn die Landwirtschaft ihm nicht erlauben sollte, Euch zu begleiten, bringt aber die Mädchen mit und kommt so früh vor Sonntag, als Euch möglich ist."

Obgleich dieser Brief den Mittwochen morgen zu Castle Barry anlangte, da der Bote durch Sumpf und Moor auf Fußwegen gegangen war, wo Pferd und Wagen nicht fortkommen, so hatte doch Frau Barry, zwar gleich zur Reise entschlossen, doch so mancherlei nötige Einrichtungen für den Haushalt zu treffen, welcher in Irland bei dem mittlern Adel leicht in Verwirrung gerät, wenn die Hausfrau nicht zugegen ist, daß es ihr und den beiden jüngern Töchtern unmöglich fiel, eher als Freitag morgen abzureisen. Die älteste Tochter bleib zurück, dem Vater Gesellschaft zu leisten und die Aufsicht über das Hauswesen zu führen. Da sie die Reise in einem offenen einspännigen Wagen machten und die Wege, zu aller Zeit schlecht, durch häufige Regengüsse noch grundloser geworden waren, so nahmen sie sich vor, zwei bequeme Stationen zu machen, die erste Nacht auf der Hälfte des Wegs zuzubringen und sonnabends bei guter Zeit zu Springhouse einzutreffen. Dieser Plan konnte aber nicht ausgeführt werden, da sie einsahen, daß bei ihrer späten Abfahrt sie höchstens fünf Meilen den ersten Tag machen könnten; sie beschlossen daher in dem Hause des Herrn Bourke, eines Freundes, zu übernachten, der noch etwas näher wohnte. Sie langten ziemlich durchgeschüttelt, aber doch wohlbehalten bei ihm an. Was ihnen auf der Reise den folgenden Tag bis nach Springhouse und nach ihrer Ankunft daselbst begegnete, ist ausführlich in einem Brief erzählt, den die zweite Miß Barry an ihre älteste Schwester von dorther schrieb:

„Sonntagabend, den 20. Oktober 1752. Da der Mutter Brief, in welchem dieser eingeschlossen liegt, Euch im allgemeinen die traurige Nachricht ankündigt, welche ich hier vollständiger mitteilen soll, so glaube ich, es ist besser, wenn ich bei der Erzählung von den ungewöhnlichen Ereignissen der beiden letzten Tage regelmäßig verfahre.

Bei Herrn Bourke trafen wir den Freitag abend so spät ein, da wir gestern unmöglich zu rechter Zeit ausfahren konnten und deshalb mit einbrechender Nacht noch mehr als drei Meilen von Springhouse entfernt waren. Die Wege, von dem anhaltenden Regen in voriger Woche ganz aufgeweicht, gestatteten uns nur ein langsames Fortbewegen, so daß sich die Mutter endlich entschloß, die Nacht in dem Hause von Herrn Bourkes Bruder zuzubringen, das eine kurze Strecke von dem Weg abliegt. Der Tag war windig und regenhaft gewesen, und der Himmel schien drohend, trüb und ungewiß. Der Mond stand voll und zeigte sich wohl dann und wann hell und glänzend, meist aber hinter schwerem, dunkelem und zerrissenem Gewölk versteckt, das schnell vorüberzog, jeden Augenblick in noch größeren Massen heranrückte und sich für einen kommenden Sturm anzuhäufen schien. Der Wind, der uns ins Gesicht blies, pfiff kalt durch die niedrigen Hecken an den Seiten der Landstraße, auf welcher wir bei der Menge tiefer Pfützen nur mit Mühe weiterkamen und wo wir nirgends den geringsten Schutz hoffen durften, da meilenweit keine Anpflanzung war. Die Mutter fragte daher Larry, welcher den Wagen führte, wie weit wir noch von Herrn Bourkes Gut wären. ‚Noch ein paar Steinwürfe weiter‘, antwortete er, ‚bis zu dem Kreuzweg, dann brauchen wir uns nur links in den Baumgang zu wenden.‘ – ‚Gut, Larry, wenn du zu dem Kreuzweg kommst, so lenke ein nach Herrn Bourkes Haus.‘ Kaum hatte die Mutter diese Worte gesprochen, so drang ein Schrei, vor dem wir zusammenfuhren, als habe er uns das Herz durchschnitten, von der Hecke gerade auf uns ein. War er irgendeinem irdischen Laute ähnlich, so schien es der Schrei eines Weibes, welches, von einem heftigen und mörderischen Schlag getroffen, sein Leben in tiefer, entsetzlicher Todesangst ausstößt. ‚Gott behüte uns!‘ rief die Mutter, ‚steig über die Hecke, Larry, und hilf dem Weib, wenn es nicht schon tot ist, während wir zu der Hütte zurückeilen, an der wir eben vorübergekommen sind, und im nächsten Dorfe Lärm machen.' – ‚Ein Weib!' sagte Larry, indem er mit aller Macht aufs Pferd peitschte und seine Stimme zitterte, ‚das ist kein Weib! Je schneller wir davoneilen, desto besser!', und strengte sich aufs neue an, die trägen Schritte des Pferdes zu beleben. Wir sahen nichts, der Mond hatte sich versteckt. Es war ganz dunkel, und wir erwarteten längst einen Regenguß. Eben aber, als Larry gesprochen hatte und es ihm gelungen war, das Pferd in raschere Bewegung zu bringen, hörten wir deutlich ein lautes Zusammenschlagen der Hände, auf welches ein Schrei nach dem andern folgte, was die letzte Anstrengung der Angst und Verzweiflung zu bezeichnen und von einer Person auszugehen schien, welche innerhalb der Hecke eilig dahinrannte, um mit uns gleichen Schritt zu halten. Noch immer sahen wir nicht das Geringste; endlich, als wir nur noch zehn Schritte von der Stelle waren, wo ein Fahrweg zu Herrn Bourkes Haus links einbog, die Straße nach Springhouse aber rechts sich wendete, brach der Mond plötzlich hinter den Wolken hervor und ließ uns so deutlich, als ich hier dieses Papier sehe, die Gestalt einer schlanken, hagern Frau erblicken mit unbedecktem Haupte und langem, rund um ihre Schultern flatterndem Haare, gekleidet in etwas, das aussah wie ein weiter, weißer Mantel oder ein eilig umgeworfenes Bettuch. Sie stand in dem Winkel der Hecke, wo die Straße, auf der wir uns befanden, an jene stieß, welche nach Springhouse führte, mit dem Gesicht uns zugewendet, während sie den rechten Arm gewaltsam und heftig auf und ab bewegte, als wollte sie uns in dieser Richtung fortziehen. Das Pferd stutzte, sichtbar erschrocken über die plötzliche Gegenwart der Gestalt, deren äußere Erscheinung ich soeben beschrieben habe und welche eine halbe Minute lang jenes herzzerschneidende Geschrei ausstieß. Sie lief dann auf die Landstraße, verschwand einen Augenblick vor unsern Augen, und bald danach sahen wir sie auf einer hohen Mauer stehen, eine kleine Strecke über dem Fahrweg, in welchen wir einzulenken in Begriff waren; sie deutete beständig auf die Straße nach Springhouse hin, doch mit trotziger und gebietender Gebärde, als sei sie bereit, sich unserer Einfahrt in jenen Weg zu widersetzen. Die Gestalt schwieg nun gänzlich, und ihr Gewand, das vorhin frei in dem Wind geflattert hatte, war jetzt fest um sie gewickelt. ‚Dreh um, Larry, nach Springhouse, in Gottes Namen‘, sagte die Mutter, ‚welcher Welt sie auch angehören mag, wir wollen sie nicht erzürnen.‘ – ‚Es ist die Banshee‘, sagte Larry, ‚und ich möchte um mein Leben nicht in dieser Nacht woandershin gehen als nach Springhouse, aber ich fürchte, dort gibt's ein Unglück, sonst zeigte sie uns nicht den Weg dahin.‘ Mit diesen Worten trieb er das Pferd an, und als wir rechts einbogen, entzog der Mond auf einmal sein Licht, und wir sahen die Gestalt nicht weiter, doch hörten wir deutlich ein fortwährendes Zusammenschlagen der Hände, das jedoch gradweise abnahm, als komme es von jemand, der sich schnell entferne. Wir setzten unsern Weg fort, so rasch es die schlechte Straße und das abgemattete Tier, das uns zog, erlaubte, und kamen vorige Nacht gegen elf Uhr hier an. Den Zustand, in welchem wir das Haus fanden, kennt Ihr bereits aus der Mutter

Brief. Um ihn vollständig zu beschreiben, ist es nötig, daß ich einiges von den Ereignisse erzähle, die hier im Laufe der vorigen Woche sich zugetragen haben.

Ihr wißt, daß die Hochzeit Joane Osbornes mit Jacob Ryan an diesem Tage sollte gefeiert werden und die Brautleute mit ihren Freunden vorige Woche hier angelangt waren. Verflossenen Dienstag, an welchem Frau MacCarthy morgens den Einladungsbrief an uns abgeschickt hatte, war die ganze Gesellschaft vor dem Mittagsessen ein wenig ins Freie gegangen. Es scheint, daß ein unglückliches, von Ryan verführtes Geschöpf in der Nachbarschaft in einem erbärmlichen, höchst betrübten Zustand einige Tage vorher war gesehen worden. Er hatte sich schon seit einigen Monaten von ihr getrennt und, wie man behauptet, sie reichlich versorgt; doch sie war durch ein Eheversprechen verführt worden, und die Scham über ihren unglücklichen Zustand, wozu Mißgeschick und Eifersucht kamen, hatten ihre Sinne verwirrt. Den ganzen Vormittag über hatte man sie in den Anlagen bei Springhouse umherwandeln gesehen, in einen Mantel gehüllt mit einer Kappe, die ihr fast das Gesicht bedeckte. Sie hatte vermieden, mit einem Glied der Familien zu reden oder ihm nur zu begegnen.

Charles ging zu der angegebenen Zeit zwischen Jacob Ryan und einem dritten in kleiner Entfernung von den übrigen auf einem Sandweg, der eine Anlage von feinem Buschwerk umgab. Jedermann wurde durch einen Pistolenschuß in großen Schrecken gesetzt, welcher aus der dichtesten Stelle des Gesträuchs fiel, an welchem Charles und seine Begleiter eben vorbeigingen. Charles stürzte sogleich zur Erde, und es fand sich, daß er am Bein verwundet war. Da sich in der Gesellschaft gerade ein Arzt befand, eilte dieser, Beistand zu leisten, und nachdem er die Wunde untersucht hatte, erklärte er, daß die Gefahr sehr gering und kein Knochen verletzt sei, die bloße Wunde ins Fleisch aber in wenigen Tagen heilen werde. ‚Wir werden den Sonntag mehr wissen‘, sagte Charles, der in sein Zimmer gebracht wurde. Man verband die Wunde, und so wenig Beschwerde entstand daraus, daß einige seiner Freunde einen Teil des Abends in seinem Schlafgemach zubrachten.

Bei näherer Nachforschung ergab sich, daß der unglückliche Schuß von jenem armen Mädchen herrührte, dessen ich vorhin Erwähnung getan habe. Offenbar hatte sie nicht auf Charles gezielt, sondern auf den Zerstörer ihrer Unschuld und Glückseligkeit, der an seiner Seite gegangen war. Nachdem man sie in den Anlagen vergeblich gesucht hatte, kam sie aus freien Stücken in das Haus gegangen. Sie lachte und tanzte, wild singend und jeden Augenblick ausrufend: ‚Endlich habe ich den Ryan getötet!‘ Als sie vernahm, daß es Charles war, nicht Herr Ryan, den der Schuß getroffen, fiel sie besinnungslos nieder, und nachdem sie einige Zeit in krampfhaften Bewegungen gelegen hatte, sprang sie auf, nach der Türe hin, und entschlüpfte den Nacheilenden. Man konnte ihrer nicht wieder habhaft werden bis in der letzten Nacht, wo sie kurz vor unserer Ankunft vollkommen wahnsinnig hierher gebracht wurde.

Man hielt Charles Wunde für so unbedeutend, daß die Vorbereitungen zu dem Hochzeitsfest auf den Sonntag ihren Fortgang hatten. Doch in der Freitagnacht ward er unruhig und fiebrisch, und gestern, den Sonnabend, fühlte er sich so schlecht, daß man es für nötig hielt, noch einen Kunstverständigen zu Hilfe zu nehmen. Zwei Ärzte und ein Wundarzt gingen um Mittag zu Rat, und der furchtbare Ausspruch lautete, daß, wo nicht vor Nacht eine kaum zu hoffende Verändrung eintrete, binnen vierundzwanzig Stunden der Tod sich einstellen werde. Wie es schien, hatte man die Wunde zu fest zusammengeschnürt und auch in anderer Hinsicht ungeschickt behandelt. Leider hatten sich die Ärzte in ihrer Voraussagung nicht geirrt. Kein günstiges Zeichen erschien, und lange, bevor wir Springhouse erreichten, war jeder Strahl von Hoffnung verschwunden. Der Auftritt, von dem wir bei unserer Ankunft Zeuge waren, hätte ein Herz von Stein gespalten. Schon auf der Straße hörten wir, daß Charles MacCarthy auf dem Todbett liege, und als wir das Haus erreichten, bestätigte der Diener, der das Tor öffnete, diese Nachricht. Gerade als wir eintraten, wurden wir durch ein furchtbares Geschrei erschreckt, das von der Treppe aus uns entgegenschallte. Die Mutter glaubte, die Stimme der armen Frau MacCarthy zu hören und eilte weiter. Wir folgten, und einige Stufen hinaufgestiegen, fanden wir ein junges Weib in dem Zustand wahnsinniger Leidenschaft mit zwei Mägden ringend, deren vereinte Kräfte kaum zureichten, jene abzuhalten, daß sie nicht die Treppe hinaufrannte über den Körper der Frau MacCarthy, welche, von Schwachheit überwältigt, auf die Stufen niedergesunken war. Wie ich hernach hörte, war es jenes unglückliche Geschöpf, dessen ich vorhin gedacht habe, welche durchaus in Charles Zimmer dringen wollte, um von ihm Vergebung zu erhalten, wie sie sagte, ehe er scheide, sie des Mordes wegen anzuklagen. Dieser wahnwitzige Gedanke war mit einem andern gemischt, welcher jenem den Besitz ihrer Seele streitig zu machen schien. In einem Atem verlangte sie Charles' Vergebung und klagte Herrn Ryan als ihren und Charles Mörder an. Endlich brachte man sie weg, und die letzten Worte, die ich sie schreien hörte, waren: ‚Ryan hat ihn getötet, nicht ich! Ryan hat ihn getötet, nicht ich!'

Als Frau MacCarthy wieder zu sich selbst kam, sank sie in die Arme der Mutter, deren Gegenwart ihr ein großer Trost zu sein schien. Sie weinte; die ersten Tränen, welche sie, wie man uns sagte, seit dem unglücklichen Ereignis vergossen hatte. Sie führte uns in Charles' Zimmer, welcher, wie sie äußerte, verlangt hatte, uns gleich nach unserer Ankunft zu sehen, weil er sein herannahendes Ende fühle und die letzten Stunden seines irdischen Daseins ungestört dem Gebet und der Betrachtung zu widmen wünsche. Wir fanden ihn vollkommen ruhig, ergeben, ja heiter. Er sprach von dem schrecklichen Vorfall, dem man Mut und Vertrauen entgegensetzen müsse und den er als eine Entscheidung betrachte, auf welche er seit jener wunderbaren Krankheit vorbereitet gewesen, da er an der Wahrheit der Vorausverkündigung niemals gezweifelt habe. Er sagte uns Lebewohl mit dem Ausdruck eines Menschen, der im Begriffe steht, eine kurze und vergnügte Reise anzutreten, und wir verließen ihn mit einem Eindruck, der bei allem Traurigen uns, wie ich gewiß glaube, niemals ganz verlassen wird. –"

Der Brief war nicht geendigt, weil die Schreiberin abgerufen ward. Ehe die Sonne an seinem siebenundzwanzigsten Geburtstag aufging, war Charles' Seele geschieden, vor seinem Schöpfer die letzte Rechenschaft abzulegen.

DER CLURICAUN

Der verwünschte Keller

E s gibt wenig Leute in Irland, die nicht die alte Familie der MacCarthys kennen sollten, deren Zweige sich in dem Süden ausgebreitet haben und die sämtlich durch die Gastfreundschaft berühmt sind, womit sie jeden Fremden, vornehm oder gering, aufnehmen.

Von niemand übertroffen ward hierin Justin MacCarthy von Ballinascarty; seine Tafel war mit Speise und Trank reichlich besetzt und herzlich willkommen jeder, der daran teilnehmen wollte. Sein Weinkeller konnte für ein wahrhaftes Muster gelten, und mancher andere mußte sich dagegen seines Namens schämen. Soviel Raum er hatte, war er doch mit Körben für Weinflaschen und langen Reihen von Fässern aller Art und Größe angefüllt, so daß sie aufzuzählen mehr Zeit wegnehmen würde, als der mäßigste Mensch übrigbehalten könnte an solch einem Platz, umgeben von der Fülle zu trinken und herzlich eingeladen, es zu tun.

Ohne Zweifel wird mancher denken, daß der Mundschenk in einem solchen Hause wenig Ursache habe, Klage zu führen, und die ganze Grafschaft würde eingestimmt haben, wenn man nur ein Beispiel gehabt hätte, daß ein Mann in diesem Amt längere Zeit, als der Rede wert ist, bei Herrn MacCarthy geblieben wäre. Gleichwohl sprach keiner, der in seinen Diensten gewesen war, ein böses Wort von ihm.

„Wir haben an dem Herrn nichts auszusetzen", sagten sie, „und wenn er nur jemand auftreiben könnte, der ihm den Wein aus dem Keller holte, so wäre ein jeder von uns grau in dem Haus geworden, und wir hätten bis an unser seliges Ende ruhig und vergnügt da gelebt."

‚Es ist wahrhaftig eine recht wunderliche Geschichte‘, dachte der junge Johnny Leary, der von Kindheit an in den Ställen zu Ballinascarty als Beiläufer aufgewachsen war und gelegentlich dem Mundschenk bei seinem Geschäft hilfreiche Hand geleistet hatte, ‚es ist wahrhaftig eine wunderliche Geschichte, daß kein einziger mit der besten Stelle im ganzen Haus zufrieden sein will, zumal bei einem so guten Herrn, sondern jeder sie wieder aufgibt und zwar, wie sie alle sagen, des Weinkellers wegen. Wollte mich der Herr, dem Gott langes Leben verleihe, zum Mundschenk machen, so sollte man kein murrendes Wörtchen hören, wenn er mich in den Weinkeller gehen heißt; das verspreche ich.‘

Leary wartete daher auf eine günstige Gelegenheit, wo er dem Herrn seine Absicht kundgeben könnte.

Einige Tage danach ging Herr MacCarthy morgens ungewöhnlich früh in den Stallhof und rief laut nach dem Stallknecht, er solle ihm die Pferde satteln, da er willens sei, mit den Jagdhunden auszureiten. Aber kein Stallknecht gab Antwort, und der junge Johnny Leary führte Regenbogen aus dem Stall.

„Wo ist Will?" fragte Herr MacCarthy.

„Gnädiger Herr?" sagte Johnny, und Herr MacCarthy wiederholte die Frage.

„Nach Will fragt der gnädige Herr?" antwortete Johnny, „ja die Wahrheit zu sagen, er hat vorige Nacht ein Glas zuviel getrunken."

„Wie kam er dazu?" fragte Herr MacCarthy. „Seit Tom weggegangen ist, befinden sich die Kellerschlüssel in meiner Tasche, und ich sehe mich genötigt, den Wein, den ich brauche, selbst zu holen."

„Ich bin durchaus nicht imstand, es zu sagen", erwiderte Leary, „es müßte denn sein, daß ihm der Koch ein kleines Restchen Branntewein gegeben hätte; doch", fuhr er fort und schnallte den Bügel niedriger, indem er mit der rechten Hand in die Mähnen griff und seinen Kopf herabsenkte, während er mit dem linken Bein, welches er vorgesetzt hatte, zurückscharrte, „darf ich es wagen, Euer Gnaden eine Frage zu tun?"

„Rede, Johnny", sagte MacCarthy.

„Wünschen Euer Gnaden nicht einen Mundschenk zu haben?"

„Weißt du mir einen?" antwortete der Herr und lächelte gutgelaunt über seine Haltung, „und einen, der sich nicht fürchtet, in den Weinkeller zu gehen?"

„Ist bloß davon die Rede?" sagte der junge Leary, „Gott weiß, dazu wäre ich der Mann."

„Du denkst also mir deine Dienste in der Eigenschaft eines Mundschenken anzubieten?" sagte Herr MacCarthy mit einigem Erstaunen.

„Ja, gnädiger Herr, das war meine Absicht", antwortete der junge Leary, der jetzt zum ersten Mal von dem Boden aufschaute.

„Wohlan, ich glaube, du bist ein braver Bursche, und ich habe nichts dagegen, mit dir einen Versuch zu machen."

„Mögen Euer Gnaden lange unser Herr sein, und möge Gott Euch langes Leben verleihen!" rief Leary aus und neigte sich nach üblicher Weise, als sein Herr davonritt. Er sah ihm noch eine Weile mit gedankenlosem Starren nach, bis er allmählich und gradweise eine wichtige Miene annahm.

„Johnny Leary!" sagte er endlich, „Johnny, ist's Johnny?" – und in einem Tone von Verwunderung: „Meiner Treue, es ist nun nicht Johnny, sondern Herr John, der Mundschenk." Und mit einem Vorgefühl der herannahenden Würde schritt er aus dem Stallhof nach der Küche hin.

Learys alter Stallgenosse, ein armer, ausgedienter Hund namens Bran, gewohnt, öfter liebreich an den Kopf geklopft zu werden, wurde mit einem Fußtritt und dem Ausruf „Aus dem Weg, Racker!" fortgejagt. In der Tat, des armen Johnny Gedächtnis schien durch seine plötzliche Erhebung verwirrt. Außer Zweifel ward dies gestellt durch das gänzliche Vergessen des allerliebsten Gesichtes des Küchenmädchens, auf dessen Herz er noch vorige Woche einen Angriff getan hatte durch das Anerbieten, ihr einen goldenen Ring an den vierten Finger der rechten Hand zu kaufen, und durch einen derben Kuß auf ihre Lippen.

Als Herr MacCarthy von der Jagd heimkam, schickte er nach Johnny Leary, wie er fortfuhr, seinen neuen Mundschenk zu nennen. „Johnny", sagte er, „ich glaube, du bist ein zuverlässiger Bursche; hier sind die Schlüssel zum Keller. Ich habe die Herrn, mit welchen ich heute auf der Jagd war, eingeladen, mit mir zu essen, und ich hoffe, sie werden mit deiner Aufwartung bei Tische zufrieden sein; vor allen Dingen sorge dafür, daß es nach dem Essen nicht an Wein fehlt."

Herr John hatte ein leidlich gutes Auge für diese Dinge und war von Natur anstellig; er breitete demnach die Tafeltücher aus, stellte die Teller und legte Messer und Gabel auf dieselbe Art, wie er seinen Vorgänger im Amt dieses Geschäft hatte verrichten gesehen. Und wirklich, für den Anfang ging es bei dem Essen recht gut.

Nur muß man nicht vergessen, daß in dem Hause eines irländischen Landedelmannes, welcher eine Gesellschaft von gestiefelten und gespornten Fuchsjägern bewirtete, manches nicht so sehr in Betracht kam, was als Gegenstand von höchster Wichtigkeit unter andern Umständen und in andern Gesellschaften gegolten hätte.

Keiner von den Gästen des Herrn MacCarthy, treffliche und ehrenwerte Männer in ihrer Art, trug daher große Sorge, ob der Punsch, der nach der Suppe gereicht wurde, aus Jamaika- oder Antigoa-Rum gemacht war. Ebensowenig hatten sie Lust, die Reinheit des guten alten gebrannten Wassers zu untersuchen, und mit Ausnahme des freigebigen Wirts selbst zog jeder in der Gesellschaft den Portwein, welchen Herr MacCarthy auf seine Tafel setzte, dem weniger feurigen Wohlgeschmack des roten französischen Weins vor. Eine Wahl, die eigentlich dem neuern Geschmack widersprechen sollte.

Es ging stark auf Mitternacht, als Herr MacCarthy dreimal

die Schelle zog, welches das Zeichen war, mehr Wein zu bringen. Johnny begab sich daher nach dem Keller, um frischen
Vorrat zu holen, doch, es zu gestehen, mit einem kleinen Zö-
gern.

Der Luxus mit Eis war noch unbekannt in dem südlichen Irland, der Vorzug des kühlen Weins aber von niemand bestrit-
ten, der gesundes Urteil und richtigen Geschmack hatte.

Der Großvater des Herrn MacCarthy, welcher das Wohnhaus von Ballinascarty auf die Stelle einer alten, seinen Voreltern zugehörigen Burg aufgebaut hatte, nahm auf diesen wich-
tigen Umstand gar wohl bedacht. Bei Anlegung des Kellers
hatte er ein tiefes Gewölbe benutzt, welches in früheren Zeiten
in den mächtigen Felsen als ein sicherer Zufluchtsort ausge-
hauen war. Man stieg in das Gewölbe auf steinernen Stufen
hinab, und hier und da waren in der Wand schmale Öffnungen
oder, recht zu sagen, Risse, mithin gewisse Stellen, welche tiefe
Schatten warfen und recht grausenhaft aussahen, wenn jemand mit einem einzelnen Licht die Stufen herabkam. Aber in
Wahrheit, zwei Lichter konnten die Sache nicht viel besser machen, denn wenn auch die Breite des Schattens etwas abnahm,
die engen Spalten waren so dunkel und dunkler als je.

Alle seine Entschlossenheit aufbietend, machte sich der
neue Mundschenk auf den Weg. In der rechten Hand trug er
eine Laterne und die Kellerschlüssel, in der linken einen Korb,
der ihm fähig schien, so viel zu fassen, als für die noch übrige
Nacht nötig sein mochte. Er gelangte ohne irgendeine Störung
zu der Türe. Als er aber den Schlüssel, der von alter und plum-
per Art war, einsteckte und umdrehen wollte, so deuchte ihn,

er hörte ein seltsames Gelächter mitten in dem Keller, wobei einige leere Flaschen, welche außen auf der Flur standen, so heftig zitterten, daß sie aneinander zerbrachen; hierin konnte er nicht irren, wenn er sich auch in dem Lachen mochte geirrt haben, denn die Flaschen standen gerade vor seinen Füßen, und er sah deutlich ihre Bewegung.

Leary wartete einige Augenblicke und schaute dann mit ungewöhnlicher Behutsamkeit um sich. Dann faßte er keck den Griff des Schlüssels und drehte ihn mit aller Macht in dem Schloß, als bezweifle er seine eigene Stärke; und die Türe flog mit so heftigem Krachen auf, daß, wenn das Haus nicht auf einem so mächtigen Felsen gestanden hätte, es in seinen Fundamenten wäre erschüttert worden.

Eine Erzählung von dem, was der arme Bursch gesehen hat, ist kaum möglich, da er kein rechtes Bewußtsein von sich selbst scheint gehabt zu haben. Dem Koch erzählte er den folgenden Morgen, daß er ein Heulen und Brüllen gehört habe wie von einem tollgewordenen Ochsen und daß alle Fässer, groß und klein, geschwankt hätten, rückwärts und vorwärts gegangen wären, und zwar mit solcher Gewalt, daß er gedacht hätte, sie würden alle miteinander zusammenbrechen und er im Weine ersäuft oder erstickt werden.

Sobald Leary wieder zu sich selbst gekommen war, eilte er zu dem Speisezimmer, wo der Herr und die Gesellschaft ungeduldig auf seine Rückkehr warteten.

„Was hast du vor?" sagte Herr MacCarthy mit einer ängstlichen Stimme, „und wo ist der Wein? Schon vor einer Stunde habe ich geschellt."

„Der Wein ist in dem Keller, hoffe ich, Sir", sagte Leary heftig zitternd, „ich hoffe, er ist nicht all verloren."

„Was meinst du, Narr?" rief Herr MacCarthy in einem immer ängstlicheren Ton, „warum hast du keinen mit dir heraufgebracht?"

Leary blickte wild umher und stieß nur einen tiefen Seufzer aus. „Ihr Herrn!" sagte MacCarthy zu seinen Gästen, „das ist zu arg! Wenn ich das nächste Mal euch an meinem Tische sehe, hoffe ich, soll es in einem andern Hause sein, denn es ist unmöglich, länger in diesem hier zu bleiben, wo man nicht über seinen eigenen Weinkeller Herr ist und keinen Mundschenk bekommen kann, der seine Schuldigkeit tut. Ich habe schon lange daran gedacht, von Ballinascarty wegzuziehen, und bin nun mit Gottes Beistand entschlossen, es morgen am Tage zu verlassen. Doch Wein sollt ihr haben, und müßte ich selbst deshalb in den Keller gehen." Mit diesen Worten stand er von der Tafel auf, nahm Schlüssel und Laterne seinem halbverrückten Diener, der ihn gedankenlos anstarrte, aus der Hand und stieg die schon beschriebene steinerne Treppe, die zu dem Keller führte, hinab.

Bei der Türe angelangt, die er offen fand, glaubte er ein Geräusch zu hören, wie wenn Mäuse oder Ratten über die Fässer krabbelten, und als er näher kam, bemerkte er eine kleine Gestalt, etwa sechs Daumen hoch, welche sich rittlings auf ein Faß mit dem ältesten Portwein gesetzt hatte und einen Zapfen auf der Schulter trug. MacCarthy hob die Laterne in die Höhe und betrachtete den kleinen Gesellen voll Verwunderung. Er trug eine kleine Nachtmütze auf dem Haupt, vornen ein kurzes

Lederschürzchen, das jedoch in seiner gegenwärtigen Stellung auf eine Seite gefallen war; die Strümpfe von hellblauer Farbe gingen so weit herauf, daß sie beinahe sein ganzes Bein bedeckten, und an den Schuhen, auf welchen gewaltig große silberne Schnallen lagen, waren hohe Absätze, vielleicht aus Eitelkeit, um größer zu erscheinen. Sein Gesicht glich einem zusammengeschrumpften Winterapfel, und seine Nase von glänzender Karmesinfarbe trug auf der Spitze eine zarte Purpurblume gleich einer Rosine. Seine Augen funkelten wie ein paar Johanneswürmchen, und sein Mund zog sich mit einem verschmitzten Grinsen nach einer Seite.

„Ach, Schurke!" rief Herr MacCarthy, „habe ich dich endlich gefunden, Ruhestörer! Was hast du in meinem Keller zu schaffen?"

„Freilich, aber, Sir", antwortete der Kleine und schaute mit einem Auge zu ihm auf, mit dem andern warf er einen listigen Blick nach dem Zapfen auf seiner Schulter, „ziehen wir morgen nicht aus? Ihr werdet den kleinen Cluricaun Naggeneen, der Euch angehört, gewiß nicht zurücklassen."

‚Oh', dachte MacCarthy, ‚willst du mir nachfolgen, Meister Naggeneen, so sehe ich wenig Vorteil, wenn ich Ballinascarty verlasse.' Er füllte den Korb, den Leary in seiner Angst nicht mitgenommen, und nachdem er die Kellertüre verschlossen hatte, begab er sich wieder zu seinen Gästen.

Einige Jahre lang mußte sich MacCarthy den Wein für seine Tafel selbst holen, und der kleine Cluricaun schien eine persönliche Ehrerbietung vor ihm zu fühlen. Ungeachtet der Beschwerlichkeiten dieser täglichen Reise brachte es der ehrenwerte Herr von Ballinascarty in seinem väterlichen Hause zu einem hübschen Alter und ward endlich durch die Trefflichkeit seiner Weine sowie durch die Fröhlichkeit seiner Gäste berühmt. Doch zur Zeit seines Todes hatte die Gesellschaft den Weinkeller ziemlich geleert, und da er nachher weder so gut wieder angefüllt wurde noch so oft besucht, verloren die Feste des Meister Naggeneen ihren Ruf, und man hört nur davon, wenn man sich über die Sagen der Gegend belehren läßt. Da wird noch erzählt, der arme Wichtelmann habe sich den Verfall des Weinkellers so schwer zu Herzen genommen, daß er gegen sich selbst nachlässig und gleichgültig geworden und manchmal sei gesehen worden, kaum mit einem Lumpen bedeckt.

DER SCHUHMACHER

Es gibt eine Art Menschen, denen jeder einmal hier und da begegnet ist, Menschen, die tun, als glaubten sie nicht, woran sie im Herzen doch glauben und wovor sie sich fürchten. Felix O'Driscoll war ein solcher, überall mit dem Munde voraus, ein Schreier und Schwätzer, gab er vor, weder an die Elfen noch an Cluricaune und Phooken zu glauben, und manchmal war er so unverschämt, sich anzustellen, als bezweifle er das Dasein der Geister, an welche doch jeder Mensch auf irgendeine Weise glaubt. Die Leute aber pflegten sich zu winken oder einander anzusehen, wenn Felix prahlte, denn man hatte bemerkt, daß er sich fürchtete, wenn er über die Furt von Ahnamoe bei Nacht ging, und daß, wenn er einmal über den alten Kirchplatz von Greenagh in der Dunkelheit ritt, obgleich er sich Mut genug getrunken hatte, er sein Pferd in Trab setzte, so daß niemand gleichen Schritt mit ihm halten konnte, und er regelmäßig von Zeit zu Zeit einen scharfen Blick über seine linke Schulter warf.

Eines Abends saßen in Larry Reillys Wirtshaus Leute beisammen, tranken und schwätzten, und Felix war auch dabei. Er fing wie gewöhnlich mit seinem Geschwätz über die Elfen an und schwor, daß er nicht glaube, es gäbe etwas Lebendiges außer Menschen und Tieren, Fischen und Vögeln und solchen Dingen, die man mit Augen sehen könnte; er begann auf eine so freche Art von dem stillen Volke zu reden, daß etliche in der Gesellschaft erschraken und sich bekreuzigten, ungewiß, was sich ereignen könnte, als eine alte Frau, Moirna Hogaune genannt, welche in einen blauen Mantel gewickelt in der Ecke beim Feuer gesessen und ihre Pfeife geraucht hatte, ohne in das Gespräch sich einzulassen, ihre Pfeife aus dem Munde nahm, ins Feuer spie und sich umwendend Felix ins Auge faßte:

„Ihr glaubt also nicht, daß es solche Wesen gibt wie die Cluricaune?" Felix sah sie erschrocken an, antwortete aber nichts.

„Auf meine Treue, es ziemt wohl Euersgleichen, der nichts ist als ein Stück von einem Gelbschnabel, Euch anzumaßen, Ihr glaubtet nicht an das, was Euer Vater, Eueres Vaters Vater und dessen Voreltern vor ihm niemals im geringsten bezweifelt haben. Doch ich will nicht viele Worte machen; man spricht: Wer sieht, der glaubt; so will ich, die ich Eure Großmutter sein könnte, Euch sagen, daß es solche Wesen gibt wie die Cluricaune und ich selbst einen gesehen habe. Was wollt Ihr nun?"

Jedermann in der Stube richtete erstaunt seine Augen nach ihr hin und drängte sich zu dem Feuer, um mit zuzuhören. Felix versuchte zu lachen, aber es wollte nicht gehen, und niemand achtete darauf.

„Ich erinnere mich", sagte sie, „einige Zeit, nachdem ich meinen braven Mann, der nun auch dahingestorben ist, geheiratet hatte, es war gerade, daß ich es bei der Gelegenheit sage, kurz vorher, ehe ich mein erstes Kind zur Welt brachte (und das ist schon eine schöne Zeit), daß ich mich herausgesetzt hatte in unser kleines Gärtchen mit dem Strickzeug in der Hand, auf die Bienen achtzugeben, welche schwärmen wollten. Es war ein schöner Tag mit Sonnenschein in der Mitte Juni, die Bienen flogen von ihren Körben summend aus und ein, die Vögel zwitscherten und hüpften in dem Gebüsch, und die Schmetterlinge schwärmten umher und ließen sich auf die Blumen nieder, und alles duftete so frisch und süß, und ich fühlte mich so glücklich, daß ich kaum wußte, wo ich war. Auf einmal hörte ich zwischen einigen Reihen Bohnen, die wir in der Ecke des Gartens hatten, ein Geräusch, das ging ‚Ticktack! Ticktack!‘, gerade als wenn ein Schuster den Absatz an einen Schuh anschlägt. ‚Gott behüte uns!‘ sagte ich zu mir selbst, ‚was in aller Welt kann das sein?‘ Ich legte mein Strickzeug nieder, stieg auf, schlich mich sachte zu den Bohnen hin, und glaubt mir nimmermehr, wenn ich nicht vor mir, mitten darin, ein altes Männchen sitzen sah, nicht den vierten Teil so groß als ein neugebornes Kind, ein kleines aufgekremptes Hütchen auf dem Haupt, ein Pfeifenstümpfchen in dem Mund, aus dem es beständig rauchte, und einen schlichten, altfränkischen, erbsenfarbigen Rock mit großen Knöpfen auf dem Leibe, ein paar massivsilberne Schnallen auf den Schuhen, die den ganzen Fuß bedeckten, so groß waren sie; dabei arbeitete er in einem fort so eifrig, als er konnte, indem er Absätze an ein Paar kleine Holzschuhe machte. Sowie meine Augen nur auf ihn fielen, wußte ich auch, daß es ein Cluricaun war, und keck und beherzt sagte ich zu ihm: ‚Gott erhalte Euch, lieber Mann, das ist saure Arbeit für den heißen Tag!' Er schaute auf und kam mir vor, als wäre er von Wachs. Indem stürzte ich auf ihn zu, bekam ihn in meine Hand zu fassen und fragte, wo sein Geldbeutel wäre. ‚Geld?' sagte er, ‚Geld, wahrhaftig! Und wie sollte ein armes, altes Geschöpf, wie ich bin, zu Geld kommen?' – ‚Zaudert nicht', gab ich zur Antwort, ‚keine von Euern Streichen! Jedermann weiß, daß die Cluricaune wie Ihr so reich sind wie der Teufel selbst.' Zugleich zog ich ein Messer, das ich in meiner Tasche hatte, machte ein Gesicht, so bös als ich nur immer konnte, und in Wahrheit, es war nicht leicht für mich (denn mein Gesicht war freundlich und gutmütig, wie Ihr nur eins zu Carrignavar sehen könnt), und schwor, wenn er mir nicht augenblicklich seinen Beutel gäbe oder einen Topf mit Geld zeigte, so würde ich ihm die Nase aus dem Gesicht schneiden. Ich muß gestehen, das kleine Männchen sah so erschrocken aus, als es diese Worte hörte, daß ich mich in meinem Herzen zu Mitleid gegen das arme Geschöpf bewogen fühlte. ‚Nun, so kommt', sprach er, ‚kommt mit mir ein paar Felder abwärts, so will ich Euch zeigen, wo ich mein Geld aufbewahre.' Immer den Kleinen in der Hand haltend und meine Augen fest auf ihn richtend, ging ich fort, als ich plötzlich hinter mir ein Sausen hörte. ‚Dort! Dort!' rief er, ‚schwärmen Eure Bienen und gehen miteinander fort!' Ich war so einfältig und drehte den Kopf um, und als ich durchaus nichts sah und mich wieder nach dem Kleinen umwendete, so hatte ich nichts mehr in der Hand. Denn da ich so unglücklich gewesen war, ihn aus den Augen zu lassen, so schlüpfte er aus meiner Hand wie Nebel oder Rauch, und mit keinem Tritte kam er je wieder meinem Garten nah."

Herr und Diener

Billy MacDaniel war ein so artiger junger Bursch, als je einer in einer Tanzgesellschaft seine Sprünge machte, eine Kanne leerte oder den Stock, den er unter dem Rock trug, handhabte. Er fürchtete nichts als den Mangel eines Trunkes, sorgte für nichts, als wer ihn bezahlen sollte, und dachte an nichts, als wie er dem Wirt deshalb einen blauen Dunst vor die Augen machen wollte. Trunken oder nüchtern, ein Wort und ein Schlag war immer seine Weise, und das ist eine treffliche Weise, entweder einen Streit anzufangen oder zu beendigen. Viel betrübter war es, daß MacDaniel durch diese Art zu denken, zu fürchten und für nichts zu sorgen in böse Gesellschaft geriet, denn ohne Zweifel ist das stille Volk die schlimmste Gesellschaft, in die jemand geraten kann.

Es trug sich zu, daß MacDaniel in einer klaren Winternacht nicht lang nach Christtag auf dem Heimwege war. Der Vollmond glänzte; doch obgleich die Nacht so schön war, als das Herz nur wünschen konnte, so fiel ihm doch die Kälte beschwerlich. „Bei meiner Treu", schnatterte er, „ein gutes Glas Wein wäre auch kein schlimmes Ding, das Herz eines Menschen, der innerlich friert, zu stärken; ich wünschte, ich hätte von dem besten und gut gemessen."

„Brauchst nicht zweimal zu wünschen, MacDaniel!" sagte ein kleines Männchen in einem dreieckigen, mit Goldtressen besetzten Hut und mit großen Silberschnallen auf den Schuhen, so groß, daß es ein Wunder war, wie es sie tragen konnte. Es reichte ihm ein Glas dar, nicht kleiner als seine eigene Person, angefüllt mit einem so guten Wein, als je Augen gesehen oder Lippen gekostet haben.

„Prost, kleiner Mann", sagte MacDaniel unerschrocken, wiewohl er gleich merkte, daß er zu dem stillen Volke gehörte, „auf Euer Wohl und mich bestens zu bedanken; mit der Zahlung hat's gute Wege", und nahm das Glas und trank es in einem Zuge rein aus.

„Prost!" sagte der Kleine, „und sei herzlich willkommen, aber denke nicht, mich zu prellen, wie du bei andern getan hast. Heraus mit dem Beutel und als ein ehrlicher Mann bezahlt!"

„Bezahlen soll ich Euch?" antwortete MacDaniel, „könnte ich Euch nicht aufheben und in meine Tasche stecken wie eine Brombeere?"

„Billy MacDaniel", sagte der Kleine und ward ganz ängstlich, „willst du mir dienen sieben Jahre und einen Tag, so soll das meine Bezahlung sein. Mache dich bereit, mir zu folgen."

Als MacDaniel das hörte, reute es ihn, so keck zu dem Kleinen gesprochen zu haben. Er fühlte sich, und konnte doch nicht sagen wie, genötigt, dem fremden Mann durch das Land zu folgen, auf und ab, über Hecken und Graben, Sumpf und Moor, ohne Rast und Ruhe.

Als der Morgen zu dämmern begann, wendete sich der Kleine um und sprach: „Du kannst nun heimgehen, MacDaniel, aber auf deine Gefahr säume nicht, dich nachts auf dem Fortfield bei mir einzustellen, sonst wird es dir lange Zeit schlecht ergehn. Finde ich dich aber als einen treuen Diener, so wirst du mich als einen nachsichtigen Herrn finden."

MacDaniel ging heim; müde und matt, wie er war, ließen ihn die Gedanken an den kleinen Mann keinen Augenblick schlafen. Doch wagte er es nicht, seinem Gebot ungehorsam zu sein, und in der Abendzeit machte er sich auf und ging nach Fortfield. Er war noch nicht lange da, so kam der Kleine auf ihn zu und sagte: „MacDaniel, ich habe für diese Nacht eine weite Reise vor; sattle mir eins von meinen Pferden, das andere kannst du für dich satteln, denn du sollst mich begleiten und bist wahrscheinlich von deinem Gang in voriger Nacht noch müde."

MacDaniel dankte seinem Herrn für diese Aufmerksamkeit. „Doch", sagte er, „wenn ich mir die Freiheit nehmen darf, Sir, so möchte ich fragen, wo der Weg nach Eurem Stall ist, denn ich sehe nichts als die Burg hier und den alten Dornstamm in der Ecke des Feldes und den Strom, der in dem Tal unten rinnt, und ein Stückchen Moor uns gegenüber."

„Spare nur deine Fragen", sagte der Kleine, „aber geh hinüber zu dem Stückchen Moor und bringe mir zwei von den stärksten Binsen, die du finden kannst."

MacDaniel gehorchte, verwunderte sich aber, was der kleine Mann damit wollte. Er zog zwei der stärksten Binsen, die er finden konnte, aus, mit einem kleinen Büschel brauner Blüten an jeder Seite, und brachte sie seinem Herrn.

„Sitz auf, MacDaniel", sprach der Kleine, indem er eine von den Binsen nahm und quer darüberschritt.

„Wo soll ich aufsitzen, wenn's Euer Gnaden beliebt?"

„Ei, auf den Rücken des Pferdes wie ich natürlich", sagte der Kleine.

„Wollt Ihr einen Narren aus mir machen, wie Ihr einer seid", sagte MacDaniel, „indem Ihr verlangt, ich soll mich zu Pferd auf dieses Stückchen Binse setzen? Ihr möchtet mir wohl weismachen, die Binse, die ich eben drüben aus dem Moor ausrupfte, sei ein Pferd?"

„Auf! Auf! Ohne Widerrede", sagte das Männchen und sah ängstlich aus, „das beste Pferd, das du je geritten hast, war nur eine Mähre gegen dieses."

MacDaniel dachte, das alles wäre nur ein Scherz, und besorgt, sein Herr möchte verdrießlich werden, beschritt er die Binse. Der Kleine rief dreimal: „Borram! Borram! Borram!" (d. h. werde groß!), und MacDaniel tat dasselbe. Augenblicklich schwollen die Binsen zu prächtigen Pferden auf und jagten rasch dahin; aber MacDaniel, der die Binse zwischen seine Beine genommen hatte, ohne viel zu achten wie, fand sich auf dem Rücken des Pferdes verkehrt sitzen und ganz tölpisch mit dem Gesicht nach dem Schweif. Und so rasch war das Roß mit ihm fortgesprengt, daß es ihm unmöglich war, sich herumzusetzen, und nichts übrigblieb, als sich an den Schweif zu halten.

Endlich gelangten sie zu dem Ziele ihrer Reise und hielten vor der Türe eines ansehnlichen Hauses. „Nun, MacDaniel", sagte der Kleine, „tue, was du siehst, das ich tue, und folge mir auf der Ferse; doch da du nicht deines Pferdes Kopf von seinem

Schweif unterscheiden konntest, so hüte dich, daß du nicht in deinen eigenen Kopf den Wirbel bekommst und du am Ende nicht recht weißt, ob du auf dem Kopf stehst oder auf den Beinen; denn kann auch nach dem Sprichwort der alte Rebensaft eine Katze zum Sprechen bringen, so kann er auch einen Menschen stumm machen."

Darauf sprach der Kleine einige wunderlich lautende Worte, aus welchen MacDaniel keinen Sinn bringen konnte, wiewohl er die Fähigkeit erhielt, sie nachzusprechen. Nun schlüpften beide durch das Schlüsselloch des Tors und so durch ein Schlüsselloch nach dem andern, bis sie in den Keller kamen, der mit allen Arten von Wein wohl versehen war.

Der Kleine fing alsbald an, gewaltig zu trinken, und Mac-Daniel, dem das Beispiel keineswegs mißfiel, tat dasselbe. „Wahrhaftig, Ihr seid der beste Herr", sagte MacDaniel, „einen bessern gibt's auf der ganzen Welt nicht; ich bleibe mit dem größten Vergnügen in Euerm Dienst, wenn Ihr fortfahrt, mir Wein vollauf zu geben."

„Ich habe keinen Handel mit dir gemacht", antwortete der Kleine, „und will auch keinen machen; doch auf und folge mir."

Sie gingen fort von Schlüsselloch zu Schlüsselloch, und beide stiegen auf die Binsen, die sie am Eingangstor gelassen hatten, und kaum waren die Worte „Borram! Borram! Borram!" über ihre Lippen, so rauschten sie fort, indem sie die dunkeln Wolken wie Schneebälle vor sich herstießen.

Als sie zu Fortfield wieder angelangt waren, entließ der kleine Mann seinen Diener, jedoch mit dem Befehl, in der folgenden Nacht um dieselbe Stunde sich wieder einzustellen.

Und so ging es von nun an eine Nacht nach der andern; sie richteten ihre Fahrt bald hierhin, bald dorthin, nördlich, östlich und südlich, bis es in ganz Irland keinen ordentlichen Weinkeller mehr gab, den sie nicht besucht hatten, und sie kannten Blume und Geschmack eines jeden Weines so gut, ja noch besser als der Kellner selbst.

In einer Nacht, als MacDaniel den kleinen Mann wie gewöhnlich in Fortfield antraf und im Begriff war, nach dem Moor zu gehen und die Reisepferde zu holen, sagte der Herr: „Heute abend mußt du noch ein Pferd mehr mitbringen; möglich, daß wir in größerer Gesellschaft zurückkommen, als wir ausziehen."

MacDaniel, der schon wußte, daß er einen Befehl seines Herrn ohne weiteres Fragen auszurichten hatte, brachte noch eine dritte Binse, voll Verwunderung, wer es wohl sein könnte, der in ihrer Gesellschaft zurückreisen würde, und ob er einen Kameraden im Dienste bekommen sollte. ‚Ist er nur erst da‘, dachte MacDaniel, ‚so soll er jedesmal gehen und die Pferde im Moor holen, denn ich sehe nicht, warum ich nicht von Haut und Haar ein ebenso feiner Mann sein soll als mein Meister.‘

Sie machten sich auf den Weg, und MacDaniel hatte das dritte Pferd am Zügel. Sie hielten nicht eher an, als bis sie zu einem einsam liegenden Pachterhaus in der Grafschaft Luimneach gekommen waren, nahe bei der alten Burg von Carrigogunniel, welche nach der Sage von dem großen Brian Boru gebaut war. Drinnen im Haus wurde ein Fest gefeiert, und der Kleine blieb einige Zeit außen stehen, um zu horchen; aber plötzlich kehrte er sich um und sagte: „MacDaniel, morgen werde ich tausend Jahr alt!"

„Werdet Ihr das, Sir?" antwortete MacDaniel, „Gott segne Euch!"

„Aber sage das niemand wieder, MacDaniel, was ich dir da entdeckt habe, es würde zu meinem Verderben auf immer gereichen. Da ich aber morgen tausend Jahr auf der Welt bin, so denke ich, es ist hohe Zeit, mich zu verheiraten."

„Das scheint mir auch so, ohne allen Zweifel", antwortete MacDaniel, „wenn Ihr willens seid zu heiraten."

„Und bloß aus diesem Grunde bin ich nach Carrigogunniel gekommen, denn in diesem Hause, gerade an diesem Abend ist der junge Darby Riley im Begriff, Bridget Rooney zu heiraten, und da es ein schlankes und allerliebstes Mädchen ist und von ehrbaren Leuten abstammt, so denke ich sie selber zu heiraten und mit mir fortzunehmen."

„Und was wird Darby Riley dazu sagen?" bemerkte Mac-Daniel.

„Schweig", sagte der Kleine und sah ihn mit strengem Blick an, „ich habe dich nicht hergebracht, daß du mir Fragen vorlegen solltest." Und ohne weiter sich über diesen Gegenstand zu äußern, sprach er jene seltsamen Worte aus, welche die Kraft verliehen, durch die Schlüssellöcher so leicht als durch die freie Luft zu gehen, und MacDaniel gefiel es selbst gar sehr, daß er imstande war, sie ihm nachzusagen.

Beide drangen also hinein, und um die Gesellschaft besser zu sehen, hüpfte der Kleine behend wie ein Sperling auf einen von den dicken Balken, welche quer durch das Haus über den

Häuptern der Leute herliefen, und MacDaniel tat dasselbe von der andern Seite. Doch nicht gewohnt, auf einem solchen Platz, wie auf einer Hühnerstange, zu sitzen, hingen seine Beine so ungeschickt als möglich herab, und offenbar hatte er sich die Art, mit welcher der Kleine sich zusammenkauchte, nicht zum Muster genommen. Aber dieser, wenn er sein Lebtag ein Schneider gewesen wäre, hätte nicht zufriedner mit unterschlagenen Beinen dasitzen können.

So saßen beide, Herr und Diener, und schauten auf das lustige Fest herab, das vor ihren Augen begangen wurde. Da war der Geistliche, der Pfeifer, der Vater von Darby Riley mit Darbys zwei Brüdern und seines Oheims Sohn; da war der Vater und die Mutter von Bridget Rooney (das alte Paar war diesen Abend stolz auf die Tochter, und das mit allem Recht) und ihre vier Schwestern mit funkelneuen Bändern auf den Mützen und ihre drei Brüder, die alle so frisch und munter aussahen als je drei Burschen in Munster; da waren Oheime und Muhmen, Gevatterinnen und Vettern genug, um das Haus voll zu machen. Da war Essen und Trinken im Überfluß und Platz an dem Tisch für jeden, und wenn die Zahl noch einmal so groß gewesen wäre.

Nun ereignete es sich, gerade als Frau Rooney dem Geistlichen bei dem ersten Schnitt in das Haupt des Spanferkels, das mit weißem Wirsing köstlich gefüllt war, hilfreiche Hand leistete, daß die Braut niesen mußte. Jedermann an dem Tisch fuhr auf, aber keine Seele sprach: „Gott segne uns!", denn alle dachten, der Geistliche würde das tun, wie er auch, wenn er seine Pflicht beachtet hätte, tun mußte, und niemand wollte ihm das Wort vor dem Munde wegnehmen, während er unglücklicherweise mit dem Haupt des Spanferkels und dem Gemüse beschäftigt war. Nach einem augenblicklichen Stillschweigen machten Scherz und Fröhlichkeit bei dem Fest, daß der fromme Segensspruch vergessen wurde.

Bei diesem Umstand waren beide, MacDaniel und sein Meister, von ihren erhabenen Sitzen herab keine gleichgültigen Zuschauer. „Ha!" rief der Kleine, indem er mit freudiger Bewegung ein Bein unter sich hervorzog und sein Auge mit ungewöhnlichem Feuer funkelte, während seine Augenbrauen sich spitz in die Höhe zogen, „ha!" sagte er, schielte nach der Braut und dann nach MacDaniel, „halb habe ich sie; wahrhaftig, laß sie nur zweimal niesen, so ist sie mein, dem Priester, Meßbuch und Darby Riley zum Trotz!"

Die schöne Braut nieste zum zweiten Mal, doch so sanft und verschämt, daß wenige, den kleinen Mann ausgenommen, es bemerkten oder zu bemerken schienen und niemand daran dachte zu sagen: „Gott segne uns!"

MacDaniel hatte während dieser Zeit das arme Mädchen mit den traurigsten Blicken angesehen, denn er mußte beständig daran denken, wie betrübt es wäre für ein artiges junges Geschöpf von neunzehn Jahren, mit großen blauen Augen, zarter Haut und Grübchen in den Backen, von Glück und Lust erfüllt, gezwungen zu werden, ein garstiges kleines Stück von einem Manne zu heiraten, der tausend Jahr weniger einen Tag alt ist.

In diesem entscheidenden Augenblick nieste die Braut zum dritten Mal, und MacDaniel rief aus allen Kräften: „Gott segne uns!" Ob dieser Ausruf eine Folge seines Selbstgesprächs war oder Macht der Gewohnheit, konnte er selbst nicht genau sagen. Aber kaum waren die Worte heraus, so sprang der kleine Mann, dessen Gesicht von Zorn und Verdruß glühte, von dem Balken, auf welchem er gehockt hatte, herab und schrie mit dem grellen Ton einer kreischenden Sackpfeife: „Ich entlasse dich aus meinem Dienste! Nimm das zum Lohn!", wobei er MacDaniel einen wütenden Stoß gab, der den armen zappelnden Diener auf Gesicht und Hände mitten zwischen die aufgetragenen Speisen herunterstürzte.

Wenn MacDaniel erschrocken war, so war es ein jeder in der Gesellschaft, in welche er ohne alle Feierlichkeit eingeführt wurde, noch mehr; doch als sie seine Erzählung hörten, legte Father Cuney Messer und Gabel hin und traute das junge Paar auf der Stelle. MacDaniel tanzte die Rinceadh bei der Hochzeit und aß und trank nach Herzenslust, worauf er mehr hielt als auf den Tanz.

Das Feld mit Hagebuchen

Tom Fitzpatrick war der älteste Sohn eines wohlhabenden Pachters, der zu Ballincolig in der Grafschaft Corcaigh lebte. Tom, ein munterer, hübscher, reinlicher Bursche, der jedermann gefiel, wer ihn ansah, hatte gerade neunundzwanzig Jahr erreicht, als er folgende Begebenheit erlebte. An einem schönen Herbsttage, es war am Tage Unserer Lieben Frau, der, wie jeder weiß, einer der größten Feiertage ist, streifte Tom durch die Trift und ging an der Sonnenseite einer Hecke daher, während er bei sich bedachte, worin wohl das Unrecht liegen möchte, wenn die Leute, statt müßig umherzulaufen und nichts zu tun, das Heu aufschüttelten und den Hafer in Garben aufbänden, der bereits gemäht war, zumal da das Wetter wieder anfing, unbeständig zu werden, als er plötzlich ein klapperndes Geräusch nicht weit von sich in der Hecke hörte. „Ei der Tausend!" sagte Tom, „das ist ja wunderbar, noch so spät im Jahre die Schmetze singen zu hören!" Er schlich auf den Zehen herbei, ob er die Ursache des Geräusches zu Gesicht bekommen könnte und er sich in seiner Vermutung nicht geirrt habe. Das Geklapper hörte auf; aber als Tom scharf durch das Buschwerk sah, so erblickte er in einer Ecke des Zauns einen braunen Krug, der etwa sechs Maß Flüssigkeit halten konnte, und nahe dabei ein winziges, altes Männchen mit gekremptem Hut auf dem Kopf und ledernem Schürzchen, das vornen herabhing. Es schleppte einen kleinen hölzernen Stuhl herbei, stieg darauf, tauchte ein kleines Eimerchen in den Krug und zog es voll wieder heraus, stellte es neben den Stuhl und setzte sich dann bei dem Krug und fing an zu arbeiten, indem es auf einen kleinen Schuh, wie er gerade für sein Füßchen paßte, einen Fleck aufschlug. „So wahr ich lebe", sprach Tom zu sich selbst, „ich habe oft von einem Cluricaun reden hören, aber ehrlich zu gestehen, ich habe nie recht daran geglaubt; doch hier ist einer in allem Ernst. Wenn ich geschickt zu Werke gehe, so bin ich ein gemachter Mann. Wie ich gehört habe, darf man die Augen nicht von ihm abwenden, oder er weiß zu entwischen."

Tom schlich sich jetzt herbei und richtete die Augen auf ihn wie eine Katze auf die Maus, oder wie man liest, daß die Klapperschlange tut, wenn sie die Vögel festbannen will. So kam er ganz nahe zu ihm. „Gott segne Eure Arbeit, Nachbar!" sagte Tom.

Der Kleine richtete den Kopf in die Höhe: „Ich danke Euch schönstens", antwortete er.

„Mich wundert, daß Ihr an dem heiligen Tage arbeitet", sagte Tom.

„Das ist meine Sorge, nicht Eure."

„Freilich", sprach Tom, „aber Ihr seid ja wohl so gut und sagt mir, was Ihr da in der Kanne habt?"

„Herzlich gerne", antwortete der Kleine, „es ist gutes Bier."

„Bier!" rief Tom, „Blitz und Hagel! Wie seid Ihr dazu gekommen?"

„Wie ich dazu gekommen bin? Gebraut habe ich es. Und wovon denkt Ihr, daß ich es gemacht habe?"

„Das mag der Kuckuck wissen!" sprach Tom, „ich denke aus Malz, woraus sonst?"

„Ihr irrt, ich mache es aus Heide."

„Aus Heide!" rief Tom, indem er in lautes Lachen ausbrach, „Ihr denkt doch nicht, daß ich ein solcher Narr wäre, um das zu glauben?"

„Wie es Euch beliebt", antwortete er, „doch was ich Euch sage, ich wahr. Habt Ihr nie etwas von den Dänen erzählen gehört?"

„Gewißlich habe ich das", sagte Tom, „waren das nicht die Burschen, die wir ins Gebet nahmen, als sie uns Luimneach zu entreißen gedachten?"

„Geht", sagte der Kleine mit geringschätziger Miene, „ist das alles, was Ihr davon wißt?"

„Nun, was ist denn mit den Dänen?" fragte Tom.

„Die Sache ist diese: Als sie hier waren, so lehrten sie uns Bier aus Heide machen, und das Geheimnis ist seitdem immer in meiner Familie geblieben."

„Gebt Ihr einem zu versuchen von Euerm Bier?" sprach Tom.

„Ich will Euch etwas sagen, junger Mann. Es würde Euch besser ziemen, Eueres Vaters Haushalt zu besorgen, als bescheidene und ruhige Leute mit Euern dummen Fragen zu quälen. Eben jetzt, während Ihr Eure Zeit im Müßiggang zubringt, sind die Kühe in den Hafer geraten und haben die Frucht ganz niedergetreten."

Tom erschrak über diese Nachricht so sehr, daß er eben im Begriff war, sich umzuwenden, als er sich noch besann. Und da er befürchtete, es könnte ihm abermals begegnen, so grapste er nach dem Kleinen und packte ihn mit der Hand; doch in der hast warf er die Kanne um und verschüttete all das Bier, so daß er es nicht versuchen und nicht sagen konnte, von welcher Art es gewesen sei. Er schwor dem Kleinen zu, daß er ihm kein Leid zufügen wollte, wenn er ihm zeigte, wo sein Geld wäre. Tom sah so bös und blutdürstig aus, daß der Cluricaun sich gewaltig fürchtete. „Kommt mit mir", sprach er, „über ein paar Felder, so will ich Euch einen ganzen Topf voll Gold zeigen."

Sie gingen fort, und Tom hielt den Kleinen fest in der Hand und wendete die Augen nicht von ihm weg. Sie mußten über Zaun und Graben, denn der Cluricaun schien aus bloßer Schadenfreude den härtesten und beschwerlichsten Weg auszusuchen, bis sie endlich auf ein Feld kamen, das ganz mit Hagebuchen angefüllt war, und der Cluricaun ging auf einen dicken Stamm zu und sprach: „Grabt nur unter diesem Hagebuchenbaum; Ihr werdet einen ganzen Topf voll Goldstücke finden."

Tom hatte in der Hast nicht daran gedacht, einen Spaten mitzunehmen; er wollte nach Hause laufen und einen holen, und um die Stelle desto besser wiederzufinden, nahm er eins von seinen roten Strumpfbändern, das er um den Hagebuchenbaum knüpfte.

„Ich denke, Ihr bedürft meiner nicht weiter", sagte der Cluricaun mit Höflichkeit.

„Nein", antwortete Tom, „Ihr könnt Eurer Wege gehen, wenn's Euch beliebt. Gott geleite Euch, und gutes Glück folge Euern Schritten."

„Laßt's Euch wohl ergehen, Tom Fitzpatrick", sagte der Cluricaun, „und möge Euch alles zum Glück ausschlagen!"

Tom rannte wie besessen nach Hause und holte einen Spaten und lief ebensoschnell, was er nur konnte, wieder nach dem Felde zurück. Aber wie er ankam, siehe da!, kein Hagebuchenbaum auf dem Felde, um den er nicht ein rotes Strumpfband gefunden hätte, dem seinigen völlig ähnlich, und es wäre ein unsinniger Gedanke gewesen, das ganze Feld umzugraben, denn es enthielt mehr als vierzig Acker Land.

Tom ging also mit seinem Spaten auf der Schulter nach Hause, ein wenig kühler, als er gekommen war, und verwünschte den Cluricaun, sooft er an den saubern Streich dachte, den er ihm gespielt hatte.

DIE KLEINEN SCHUHE

un sagt mir, Molly", sprach Herr Coote zu Molly Cogan, als er ihr eines Tages auf der Straße, gerade auf dem alten Torweg vom Kilmallock, begegnete, „habt Ihr je etwas von einem Cluricaun gehört?" – „Von einem Cluricaun? Das mein ich, und mehr als einmal; wie oft habe ich meinen Vater, Ruhe seiner Seele!, davon erzählen hören, eine Geschichte nach der andern." – „Aber habt Ihr selbst niemals einen gesehen, Molly?" – „Nein, ich selbst mein Lebtag nicht; aber mein Großvater, meines Vaters Vater, ja der hat einmal einen gesehen, sogar in den Händen gehabt." – „In den Händen gehabt! Ei, Molly, das müßt Ihr mir erzählen."

„Gerne will ich das tun. Seht, mein Großvater war draußen im Moor gewesen, hatte Torf heimgefahren, und der arme, alte Gaul war von seinem Tagewerk müde, und der alte Mann war hinaus in den Stall gegangen, um nach ihm zu sehen, ob er sein Futter gefressen habe. Und als er zu der Stalltür kam, hörte er etwas hämmern und hämmern, ganz genauso, als wenn ein Schuster Schuhe macht, und dabei ein so hübsches Liedchen pfeifen, wie er sein Lebtag noch keins gehört hatte. Mein Großvater, der dachte gleich: ‚Das ist ein Cluricaun‘, und sprach zu sich selbst und sagte: ‚Wenn's geht, so fange ich ihn, und dann habe ich Geld genug, solange ich lebe.‘ Er öffnete die Türe sachte, sachte und machte nicht soviel Lärm als eine Katze, die nach der Maus schleicht; er schaute sich überall um, es war aber von dem kleinen Männchen nichts zu sehen, und doch hörte er, wie es hämmerte und pfiff. Da schaute er und schaute, bis er endlich den kleinen Gesellen sah, und denkt, er saß in der Gurt unter der Stute. Er hatte ein kleines Schürzfell um, den Hammer in der Hand und eine kleine rote Nachtmütze auf dem Kopf und machte Schuhe. Er war so mit seiner Arbeit beschäftigt, hämmerte und pfiff so laut, daß er meinen Großvater gar nicht merkte, bis ihn dieser fest mit der Hand packte. „Jetzt habe ich Euch‘, rief er, ‚und ich sage Euch, ich lasse Euch nicht eher los, als bis ich Euern Geldbeutel habe, der ist jetzt mein, nur gleich heraus damit.‘ – ‚Halt, halt!‘ sagte der Cluricaun, ‚ich will ihn holen.‘ Mein Großvater, denkt Euch, ist so ein Narr und öffnet seine Hand ein wenig, und der Kleine hüpft lachend fort, und er sah ihn niemals wieder, noch weniger etwas von dem Geldbeutel; nur den kleinen Schuh, an dem er arbeitete, hatte der Cluricaun zurückgelassen. Mein Großvater war über sich selbst ärgerlich genug, daß er ihn hatte entschlüpfen lassen; den Schuh behielt er, solange er lebte, und meine eigene Mutter hat mir erzählt, daß sie ihn oft genug gesehen und in der Hand gehabt und daß es der niedlichste Schuh gewesen, den ihre Augen jemals erblickt hätten.“

„Und habt Ihr ihn auch gesehen, Molly?“ – „Lieber Himmel, nein, das war lange, ehe ich auf die Welt kam, doch meine Mutter hat mir oft genug davon erzählt.“

Die Phooka

DAS HEXENPFERD

Die Geschichte von Morty Sullivan mag allen jungen Leuten zur Warnung dienen, in der Heimat zu bleiben, sich still und redlich zu nähren und nicht in der Welt umherzuziehen. Als Morty eben das fünfzehnte Jahr erreicht hatte, lief er seinen Eltern fort, die ein altes, ehrenwertes Paar waren und seinetwegen mehr als ein Träne vergossen. Alles, was sie von ihm in Erfahrung bringen konnten, war, daß er an Bord eines nach Amerika bestimmten Schiffes gegangen wäre. Der Kummer über seinen Verlust brach ihnen das Herz.

Dreißig Jahre, nachdem sich die Alten in das stille Grab gelegt hatten, kam ein Fremder nach Beerhaven und erkundigte sich nach ihnen; es war ihr Sohn Morty, und die Wahrheit zu sagen, sein Herz schien kummervoll, als er hörte, daß Vater und Mutter längst gestorben wären. Doch welche Antwort konnte er sonst erwarten? Reue kommt gewöhnlich, wenn es zu spät ist. So ward Morty Sullivan zur Buße für seine Sünden eine Wallfahrt nach der Kapelle der heiligen Gobnate angeraten; dies ist ein öder Platz, Ballyvourney genannt. Er war sogleich bereit dazu, und in der Absicht, keine Stunde zu verlieren, fing er noch denselben

Nachmittag seine Reise an. Er war noch nicht sehr weit gekommen, als schon die Nacht anbrach. Es schien kein Mond, und das Sternenlicht verdunkelte sich von dickem Nebel, der in den Tälern aufstieg. Der Weg ging durch eine Berggegend mit vielen Kreuzwegen und Nebenpfaden, so daß es für einen Fremden wie Morty schwerfiel, ohne Führer sich zurechtzufinden. So groß sein Eifer war, das Ziel seiner Wallfahrt zu erreichen, und sosehr er sich selbst antrieb, wurde er doch, als die Nebel immer dichter und dichter wurden, zuletzt ungewiß, ob er auf rechtem Wege sei. Als er daher ein Licht erblickte, welches ihm nicht weit entfernt schien, ging er darauf zu, und wie er sich ganz nah dabei glaubte, so schien das Licht plötzlich wieder in weiter Entfernung zu sein und schimmerte nur ganz schwach durch den Nebel. Sosehr auch Morty darüber erstaunte, ward er doch dadurch keineswegs entmutiget; denn er dachte, das sei ein Licht, welches die heilige Gobnate gesendet habe, um seine Füße sicher durch das Gebirg zu ihrer Kapelle zu leiten.

So ging er noch einige Stunden fort, immer, wie er glaubte, dem Lichte sich nähernd, welches plötzlich in eine weite Entfernung gesprungen war. Endlich kam er doch so nah, daß er bemerkte, das Licht rühre von einem Feuer, neben welchem er deutlich ein altes Weib sitzen sah. Jetzt in der Tat wurde sein Glaube ein wenig erschüttert, und es nahm ihn sehr wunder, daß beides, das Feuer und das alte Weib, vor ihm hergezogen waren, so manche saure Stunde und über so holperichten Weg.

„Im Namen der heiligen Gobnate", rief Morty, „und ihres Lehrers, des heiligen Abban! Wie kann ein brennendes Feuer sich so schnell vor mir her bewegen, und wie kann das alte

Weib neben dem springenden Feuer sitzen?" Kaum waren diese Worte über seine Lippen, als er sich, ohne nur noch einen Schritt zu tun, nahe bei dem wunderbaren Feuer befand, neben welchem das Weib saß und sein Abendessen kaute. Bei jeder Bewegung ihrer alten Kinnbacken richteten sich ihre Augen zornig auf Morty, als fürchtete sie, gestört zu werden. Er sah mit dem höchsten Erstaunen, daß ihre Augen weder schwarz noch blau noch grau noch nußbraun waren wie menschliche Augen, sondern von einer seltsam roten Farbe, gleich den Augen des Wiesels. Wenn er sich zuvor über das Feuer wunderte, so war seine Verwunderung über das Wesen des alten Weibes noch viel größer, und bei aller natürlichen Unerschrockenheit konnte er sie doch nicht ohne Furcht ansehen, denn er urteilte, daß sie eines guten Vorhabens wegen nicht an einem so einsamen Ort ihr Abendessen verzehre, zumal so spät, denn es war nahe an Mitternacht. Sie sprach kein Wort, sondern kaute und kaute, während Morty sie schweigend betrachtete.

„Wie heißt Ihr?" rief zuletzt die Hexe, und ein Schwefelhauch kam aus ihrem Mund, wobei sie die Nüstern aufblies und ihre Augen noch mehr funkelten, nachdem sie die Frage getan hatte. Seine ganze Herzhaftigkeit aufbietend, antwortete er: „Morty Sullivan, Euch zu dienen"; doch waren die letzten Worte bloß als eine Höflichkeit gemeint. „Hoho!" rief die Alte, „das wird sich bald zeigen!", und das rote Feuer ihrer Augen verwandelte sich in Blaßgrün. So kühn und furchtlos auch Morty war, er wollte auf seine Knie fallen und die heilige Gobnate oder sonst einen Heiligen anrufen, war aber dermaßen von Schrecken erstarrt, daß er sich nicht im geringsten rühren konnte.

„Faßt meine Hand, Morty", sagte die Alte, „ich will Euch ein Roß reiten lassen, das Euch bald an das Ziel Eurer Reise bringen soll." Mit diesen Worten führte sie ihn auf den Weg, und das Feuer ging vor ihnen her. Es übersteigt menschlichen Verstand zu sagen, wie es ging, aber es ging fort, leuchtende Flammenzungen ausstreckend und heftig prasselnd.

Jetzt gelangten sie zu einer Höhle an einer Bergwand. Die Alte rief laut mit einer kreischenden Stimme nach ihrem Pferd. In einem Augenblick brauste ein pechschwarzes Roß aus seinem dunkeln Stall hervor, und der Felsenboden ertönte schauerlich, als die Hufe darüber herschurrten.

„Aufgesessen!" schrie die Hexe, und mit übernatürlicher Kraft ihn packend, zwang sie ihn, sich auf den Rücken des Pferdes zu setzen. Morty fand hier menschlichen Widerstand vergeblich, murmelte: „Oh! Hätte ich nur Sporn!", und versuchte in die Mähnen des Rosses zu greifen; doch er griff nach einem Schatten, welcher ihn gleichwohl aufnahm, mit ihm fortsprengend bald über einen gefährlichen Abgrund setzte, bald über das wild zerrissene Bett eines Flusses wegflog und gleich einem dunkeln, mitternächtigen Strom durch das Gebirg rauschte.

Am folgenden Morgen ward Morty Sullivan von anderen Wallfahrern entdeckt. Er lag, auf dem Rücken ausgestreckt, unter einem steilen Abhang, von welchem ihn die Phooka herabgeschleudert hatte. Morty war durch den Fall hart beschädigt, und er soll auf der Stelle bei der Hand des O'Sullivan, und das ist kein geringer Eid, gelobt haben, niemals wieder die volle Flasche mit auf die Wallfahrt zu nehmen.

DANIEL O'ROURKES IRRFAHRTEN

Jedermann hat von den berüchtigten Abenteuern des Daniel O'Rourke gehört, doch wie wenige wissen die wahre Ursache aller diesseits und jenseits erlebten Gefahren, und doch war sie keine andere, als daß er unter den Mauern der Burg von Carrigaphooka eingeschlafen war. Ich kenne den Mann recht gut; er wohnt in dem Tal von Hungry Hill, rechter Hand an der Landstraße, die nach Bantry führt. Er war zur Zeit, wo er mir das letzte Mal die Geschichte erzählte, ein alter Mann mit grauem Haar und roter Nase, und es war den 25. Juni 1813, als ich sie von seinen eigenen Lippen hörte. Er saß eben und rauchte seine Pfeife unter einem alten Pappelbaum an einem so prächtigen Abend, als noch einer am Himmel gestanden hat. Ich hatte die Höhlen auf der Insel Dursey gesehen und den Morgen zu Glengariff zugebracht.

„Ich bin schon oft angegangen worden, Sir, es zu erzählen, und es ist daher nicht das erste Mal. Seht, der Sohn unseres Herrn war auf Reisen gewesen, jenseits in Frankreich und Spanien, wie es bei den jungen Herrn Sitte ist, ehe man noch etwas von Bonaparte oder seinesgleichen gehört hatte, und war nun zurückgekommen. Bei der Gelegenheit ward der ganzen Umgegend ein Fest gegeben und vornehm und gering, hoch und niedrig, arm und reich eingeladen. Es waren lauter Ehrenmänner von altem Korn und Schrot, mit Eurer Erlaubnis sei es gesagt. Es ist wohl einem ein böses Wort herausgefahren oder dann und wann ein Peitschenstreich ausgeteilt worden, freilich, doch wir hatten am Ende keinen Schaden davon, und sie waren so leutselig und artig, alles lief auf und ab, und jeder war tausendmal willkommen; da nagte keiner wegen des Mietzinses und der geringen Mittel, da war kaum ein Pachter, der nicht von der Milde seines Herrn mehr als einmal im Jahr Beweise erhielt. Jetzt ist's freilich anders, doch ich will davon schweigen und Euch lieber meine Geschichte erzählen.

Also, wir hatten alles aufs beste und vollauf; wir aßen und tranken, wir tanzten, und der junge Herr tanzte bei der Gelegenheit mit Peggy Barry, damals ein schönes Paar, doch jetzt ist's auch vorbei. Um mich kurz zu fassen, ich bekam bei der Gelegenheit, wie man zu sagen pflegt, einen kleinen Hieb, denn ich erinnere mich nicht recht, wie es kam, daß ich den Ort verließ, und doch verließ ich ihn, das ist gewiß. Ich dachte bei mir: ‚Du willst dich aufmachen zu Molly Cronahan, der weisen Frau, und ein Wort mit ihr über das junge Kühchen reden, das notwendig behext sein muß.' Und als ich so auf den Schrittsteinen quer durch die Furt von Ballyashenogh dahinging und zu den Sternen aufblickte und mich segnete, warum?, es war Unserer Frauen Tag, so glitt mir der Fuß aus, und platsch!, fiel ich ins Wasser. ‚Donner und Hagel', dachte ich, ‚jetzt bist du verloren!' Indessen hob ich an zu schwimmen und zu schwimmen immerzu, was ich nur konnte, bis ich endlich auf irgendeine Art, denn wie es zugegangen ist, weiß kein Mensch, an einer einsamen Insel landete.

Ich wanderte da auf und ab, ohne zu wissen, wohin ich wanderte, bis ich zuletzt in einen großen Sumpf geriet. Der Mond schien so hell als der Tag oder die Augen Eurer schönen Frau, verzeiht, Sir, daß ich mir das zu sagen erlaube, und ich sah mich um nach Osten und Westen, nach Norden und Süden, nach allen Seiten, aber ich sah nichts als Sumpf und abermals Sumpf. Ich konnte nicht ausfindig machen, wie ich hineingekommen war, und mein Herz ward kalt vor Angst, denn gewiß und wahrhaftig, das mußte mein Totenhof werden. Ich saß da auf einem Stein, welcher zu gutem Glück sich da neben mir fand, riß mich in den Haaren und blies Trübsal nach Noten, als auf einmal der Mond dunkel ward. Ich blickte auf und konnte deutlich etwas sehen, das sich zwischen mir und dem Mond bewegte, aber ich konnte nicht sagen, was es war. Doch es kam herab mit einer Kralle und schaute mir gerade ins Gesicht, und was war es anders als ein Adler, so gut, als je einer durch das Land Kerry geflogen ist? Er schaute mir gerade ins Gesicht und sprach: ,Daniel O'Rourke, wie geht's Euch?' – ,Gut, Sir, ich danke Euch', antwortete ich, ,ich will hoffen, Ihr befindet Euch auch wohl', während ich mich nicht genug verwundern konnte, daß so ein Adler sprach wie ein Christenmensch. ,Was bringt Euch hierher, Daniel?' sprach er weiter. ,Gar nichts, Herr, ich wünsche nichts, als daß ich wohlbehalten wieder zu Haus wäre.' – ,Ihr möchtet also gerne wieder von der Insel fort, Daniel?' – ,Freilich, Sir', sagte ich und erzählte ihm, ich hätte

wohl einen Tropfen zuviel getrunken und wäre ins Wasser gefallen, auf die Insel geschwommen und endlich in diesen
Sumpf geraten und jetzt wüßte ich nicht, wie ich wieder heraus
sollte. ‚Daniel‘, sprach er nach einem Augenblick Nachdenken,
‚es war von Euch sehr unschicklich, an Unserer Frauen Tag
Euch zu berauschen, doch da Ihr sonst ein ehrbarer, mäßiger
Mann seid, der ordentlich in die Messe geht und nach mir und
den Meinigen nicht mit Steinen wirft oder uns im Felde nach-
schreit, so setzt Euch auf meinen Rücken und haltet Euch fest,
damit Ihr nicht herabfallt; ich will Euch aus diesem Sumpf tragen.‘ – ‚Lieber Herr‘, sagte ich, ‚ich fürchte nur, Ihr treibt Euren
Scherz mit mir! Wer hat je gehört, daß sich einer rittlings auf
eines Adlers Rücken gesetzt hätte?‘ – ‚Auf mein Ehrenwort‘, erwiderte er, ‚es ist mein völliger Ernst, und nun nehmt mein Erbieten an oder kommt um in diesem Sumpfe. Zudem sehe ich,
daß Eure Schwere den Stein sinken macht.‘

Es war leider wahr, was er sagte, denn ich fand, daß der
Stein jeden Augenblick unter mir sank. Ich hatte keine Wahl
und dachte bei mir: ‚Wer wagt, gewinnt!‘, und das machte mir
Mut. ‚Ich danke Euer Gnaden‘, sagte ich, ‚für die erzeigte Höflichkeit und will Euer gütiges Erbieten annehmen.‘ Ich bestieg
also den Rücken des Adlers und hielt mich fest an seinen Hals.
Er erhob sich in die Luft, als wär er eine Lerche. Ich wußte
nichts von dem Streich, den er mir spielen wollte. Er flog immer höher auf, Gott weiß wie weit. ‚Aber, Sir‘, sagte ich zu ihm,
weil ich dachte, der gerade Weg nach Haus wäre ihm unbekannt, doch überaus artig sagte ich es zu ihm, denn ich war
gänzlich in seiner Gewalt, ‚möge es Euer Gnaden gefallen, und

indem ich es Eurem bessern Urteil untertänig anheimgebe, wenn Ihr ein weniges herunterfliegen wolltet, so kämen wir gerade über mein kleines Haus, und ich könnte da absitzen und mich bei Euer Herrlichkeit tausendmal bedanken.'

‚Zum Henker, Daniel‘, sagte er, ‚meinst du, ich wäre ein Narr? Schau herab auf das nächste Feld, siehst du nicht zwei Männer mit Flinten? Wahrhaftig, das wäre ein schöner Spaß, wenn ich mich sollte totschießen lassen einem betrunkenen Lump zu Gefallen, den ich in einem Sumpf von einem Steine aufgepickt habe!‘ – ‚Willst du mich hudeln?‘ dachte ich bei mir, sagte es aber nicht heraus, denn was hätte mir das genützt? Gut, er stieg in die Höhe, immerzu, und ich bat ihn jeden Augenblick herabzufliegen; aber alles war vergeblich. ‚Wo in aller Welt, Sir, geht die Reise hin?‘ sprach ich zu ihm. ‚Halt dein Maul, Daniel‘, antwortete er, ‚besorge deine eigenen Geschäfte und mische dich nicht in die Angelegenheiten anderer Leute.‘ – ‚Aber ich sollte meinen, das wäre meine eigene Angelegenheit‘, rief ich. ‚Verhalte dich ruhig, Daniel‘, sprach er, und ich sagte nichts mehr.

Endlich langten wir an, aber auf dem Mond selbst. Nun, Ihr könnt's von hier aus nicht sehen; aber dort ist oder dort war zu meiner Zeit an der Seite des Monds eine Sichel, seht, in folgender Gestalt!" Dabei machte Daniel mit der Spitze seines Stocks in der Erde einen Kreis und rechter Hand einen sichelförmigen Haken daran.

„‚Daniel‘, sagte der Adler, ‚von dem langen Flug bin ich müde, ich habe keinen Begriff davon gehabt, daß es so weit wäre.‘ – ‚Aber was in aller Welt hat Euer Herrlichkeit bewogen, einen so weiten Weg zu machen? Ich gewiß nicht. Habe ich nicht ersucht, gebeten und gefleht, nur ein halbes Stündchen zurückzuhufen?' – ‚Unnützes Geschwätz, Daniel', sagte er, ‚ich bin schrecklich abgemattet; du mußt absteigen und so lange dich auf den Mond niederlassen, bis ich mich erholt habe.' – ‚Ich soll mich auf den Mond setzen, auf das kleine, runde Ding da? Nichts gewisser, als daß ich im ersten Augenblick herunterfalle und verloren bin und tot und in Stücke zerschmettert: Ihr seid ein schändlicher Betrüger, ja das seid Ihr!' – ‚Nicht ganz und gar, Daniel', sagte er, ‚du kannst die Sichel ergreifen, die an der Seite des Mondes herausragt, und dich daran festhalten.' – ‚Ich will aber nicht', sagte ich. ‚Es geht nicht anders', sagte er ganz gelassen, ‚willst du aber nicht, lieber Mann, so gebe ich dir einen Schub und einen Klaps mit meinen Flügeln dazu und schicke dich hinab auf den Boden, wo jeder Knochen vor dir in so kleine Stücke soll zerschmettert werden als frühmorgens ein Tautropfen, der von einem Kohlblatt fällt.' – ‚Nun', sagte ich zu mir, ‚so weit hat mich's gebracht, daß ich mich mit Euresgleichen eingelassen habe', und eine harte Verwünschung ihm zurufend, damit er wüßte, was ich gesagt hätte, sprang ich mit schwerem Herzen von seinem Rücken, faßte die Sichel und saß nun oben auf dem Mond, und es war ein verwünscht kalter Sitz, das kann ich Euch sagen.

Als er mich so hübsch abgesetzt hatte, wendete er sich zu mir und sagte: ‚Guten Morgen, Daniel O'Rourke, ich denke, ich habe dich artig erwischt! Du hast mir voriges Jahr mein Nest beraubt (daran hatte er wahrhaftig recht; aber wie er das herausgebracht hat, ist schwer zu sagen), und zur Vergeltung

mußt du es dir gefallen lassen, deine Fußsohlen abzukühlen, wenn du auf dem Mond herumschwankst wie ein Hahn, der aufgehängt ist, um danach zu schlagen.'

‚Ist das alles, und willst du mich auf diese Art verlassen, du Bestie du?' rief ich, ‚du unnatürliches Scheusal, ist das das Ende von deiner Dienstfertigkeit? Daß du verschimmeln möchtest, krummnasiger Lump! Du und deine ganze Brut!' Was half alles! Er spreitete seine großen mächtigen Schwingen voneinander, brach in lautes Gelächter aus und flog mit Blitzesschnelligkeit dahin. Ich schrie ihm nach, er möchte anhalten, doch ich hätte in alle Ewigkeit rufen und schreien können, er würde mich nicht gehört haben. Er flog fort, und ich habe ihn nicht wieder gesehen, bis auf diesen Tag. Mögen ihn zehn Donnerkeile erschlagen! Ihr seht ein, ich war in einer verzweifelten Lage; ich blieb zurück, laut schreiend in so großer Bedrängnis, als auf einmal mitten im Mond eine Türe sich öffnete, die in ihren Angeln krachte, als wenn sie seit Monaten nicht wäre aufgemacht worden. Ich glaube, sie haben noch niemals daran gedacht, sie ein wenig einzuschmieren. Wer kam heraus? Ihr wißt es schon, der Mann im Mond. Ich erkannte ihn an seinem Bündel.

‚Guten Morgen, Daniel O'Rourke', sagte er, ‚wie geht's Euch?' – ‚Gut, ich danke Euch, ich hoffe, Ihr befindet Euch auch wohl.' – ‚Was bringt Euch hierher, Daniel?' sagt er. Ich erzählte ihm, daß ich mich auf dem Fest des jungen Herrn ein wenig übernommen hätte und auf eine einsame Insel wäre geworfen worden und dort in einen Sumpf mich verloren hätte und daß ein Schurke von Adler versprochen, mich herauszutragen, statt dessen aber mich auf den Mond heraufgeschleppt hätte.

Als ich mit meiner Erzählung zu Ende war, nahm der Mann eine Prise Tabak und sagte: ,Daniel, hier dürft Ihr nicht stehen.' – ,Freilich, Sir, es ist ganz gegen meinen Willen, daß ich hier bin, aber wie soll ich wieder zurückkommen?' – ,Das ist Eure Sache, Daniel', sagte er, ,meine ist es, Euch anzukündigen, daß Ihr hier nicht stehen dürft; also macht Euch fort und das in weniger als gar keiner Zeit.' – ,Ich tue Euch keinen Schaden und halte mich nur an die Sichel fest, damit ich nicht herabfalle.' – ,Gerade das ist, was Ihr nicht tun sollt, Daniel', sagte er. ,Verzeiht, Sir', sagte ich, ,darf ich fragen, wie stark Eure Familie ist, weil Ihr einen armen Reisenden nicht herbergen wollt? Ich weiß gewiß, Ihr werdet nicht allzuoft durch Fremde belästigt, die Euch gerne sehen wollen, da es ein weiter Weg ist.' – ,Ich lebe für mich allein, Daniel', antwortete er, ,doch Ihr tätet besser, wenn Ihr von der Sichel losließet.' – ,Mit Eurer Erlaubnis, ich lasse den Griff nicht los, darauf könnt Ihr rechnen.' – ,Ihr tätet besser, Daniel', wiederholte er. ,Ei, kleiner Kroate', sagte ich, indem ich die ganze Gestalt mit den Augen von Kopf bis zu Füßen maß, ,zu einem Handel gehören zwei, und ich will nicht von hier weg, aber Euch steht's frei, wenn es Euch gefällig ist.' – ,Wir wollen sehen, wie sich's einrichten läßt', sagte er und ging ab, indem er die Türe so hinter sich zuschlug, denn er war offenbar ärgerlich, daß ich dachte, der Mond mit allem Zubehör würde herabfallen.

Ich bereitete mich vor, Gewalt bei ihm zu brauchen, als er wieder zurückkam mit einem Küchenmesser in der Hand; ohne ein Wort zu sagen, schlug er zweimal auf den Griff der Sichel, und ratsch!, entzwei war sie. ,Guten Morgen, Daniel!' rief

der kleine boshafte Racker, als er mich mit einem Stückchen
von dem Griff in der Hand ganz säuberlich hinabfallen sah, ‚ich
danke für Euren Besuch und wünsche Euch gutes Wetter zur
Reise.‘ Ich hatte keine Zeit, ihm zu antworten, denn ich stürzte
und wälzte mich um und um, wie es bei einer Fuchsjagd her-
geht. ‚Gott stehe mir bei!‘ rief ich, ‚aber es muß ein erbaulicher
Spaß sein, einen rechtschaffenen Mann zur Nachtzeit in solcher Hetze zu sehen! Ich bin schön abgefahren!‘ Das Wort war
mir kaum aus dem Munde, husch!, da rauschte etwas ganz nah
an meinem Ohr vorüber, und was konnte das anders sein als
ein Flug wilder Gänse? Und der alte Gänserich, der Anführer
war, drehte den Kopf nach mir und rief: ‚Bist du es, Daniel?‘ Ich
erstaunte nicht im geringsten über das, was er sagte, denn ich
war dazumal an alle Arten von Teufeleien gewohnt, und außerdem, ich kannte ihn aus alter Zeit. ‚Guten Morgen, Daniel
O'Rourke‘, sagte er, ‚wie steht's mit der Gesundheit?‘ – ‚Gut, Sir,
ich danke Euch schönstens‘, sagte ich, nach Atem schnappend,
denn ich konnte kaum dazu kommen, ‚ich hoffe ein Gleiches
von Euch.‘ – ‚Mich dünkt, du bist eben beschäftigt herabzufal-
len, Daniel?‘ – ‚Wie es Euch beliebt zu sagen, Sir‘, antwortete
ich. ‚Und wohin so eilig?‘ fragte der Alte. Ich erzählte ihm, daß
ich ein Tröpfchen zuviel getrunken hätte und auf eine Insel gekommen wäre, wo ich mich in einen Sumpf verloren hätte, und
wie ein Teufel von Adler mich auf den Mond getragen und der
Mann im Mond mich wieder fortgejagt hätte. ‚Daniel‘, sagte er,
‚ich will dich retten, strecke die Hand aus und packe mein Bein,
so will ich dich nach Haus bringen.‘ – ‚Mein Augentrost!‘ sagte
ich, ‚Eure Worte sind Honigseim‘, doch ich dachte dabei: ‚Son-

derlich darf ich dir nicht trauen', aber da war sonst keine Rettung. Ich packte den Gänsrich beim Bein, und wir flogen hinter ihm her, ich und die andern Gänse, so schnell, als sprängen wir im Tanz.

Wir flogen und flogen, bis wir über das weite Meer kamen. Ich wußte es wohl, denn ich sah rechter Hand das Kap Clear, wie es aus dem Wasser hervorspringt. ‚Ach, gnädiger Herr', sagte ich zu dem Anführer der Gänse, denn mir schien es das klügste, wenn ich es an artigen Worten nicht fehlen ließe, ‚fliegt doch landeinwärts, wenn es Euch gefällig ist.' – ‚Das geht jetzt unmöglich, siehst du wohl, Daniel', antwortete er, ‚wir sind auf dem Weg nach Arabien.' – ‚Nach Arabien!' rief ich, ‚das ist gewiß ein Ort in der Fremde, weit von hier.' – ‚Stille, still, du Narr', antwortete er, ‚laß dein Geschwätz; ich sage dir, Arabien ist ein prächtiger Ort und West-Carbery so ähnlich als ein Ei dem andern, nur ein bißchen mehr Sand ist dort.'

Indem wir so sprachen, ward ein Schiff sichtbar, das im Wind stolz daherschoß. ‚Ach! Sir', sagte ich, ‚wenn es Euch gefällig wäre, mich in das Schiff hinabfallen zu lassen.' – ‚Wir sind nicht gerade über dem Schiff', antwortete er. ‚Wir sind es', sagte ich. ‚Wir sind es nicht', antwortete er. ‚Wenn ich dich jetzt fallen lasse, so platschest du ins Wasser.' – ‚Ach nein', sagte ich, ‚ich verstehe das besser, es ist gerade unter uns; laßt mich nur herunterfallen.' – ‚Wenn du mußt', sagte er, ‚so gehe deiner Wege.' Er ließ mich los, und wahrhaftig, er hatte recht; denn ich plumpte richtig in die Tiefe des salzigen Meeres. Ja, ich plumpte in die Tiefe und gab mich auf immer verloren, als ein Walfisch auf mich los kam, der sich nach seinem nächtlichen

Schlaf die Augen ausrieb und mich gerade ins Gesicht an-
glotzte, ohne ein Sterbenswörtchen zu reden. Doch hob er seinen Schwanz in die Höhe und plätscherte damit, daß ich über
und über mit salzigem, kaltem Wasser begossen ward, so
lange, bis kein trockner Faden mehr am ganzen Leibe war. Da
hörte ich jemand sagen, und es war eine Stimme, die ich wohl
kannte: ‚Steig auf, du Trunkenbold, fort von hier!‘ Indem
wachte ich auf, und da stand Judy mit einem Zuber voll Wasser, den sie über mich ausschüttelte. Gott habe sie selig! Aber
sie war eine gute Frau, die es nicht übers Herz bringen konnte,
mich trunken zu sehen, und die über ihr Eigentum mit kräftiger Hand waltete. ‚Steig auf!‘ sagte sie, ‚gab's keinen andern
Platz im Kirchsprengel, wo du deiner Neigung folgen und dich
niederlegen konntest als dieser, unter den alten Mauern von
Carrigaphooka? Ich wette, du hast einen erbärmlichen Schlaf
gehabt.‘ Und wahrhaftig, das hatte ich, denn meine Seele war
nicht schlecht gequält worden von Adlern, Männern im Monde,
fliegenden Gänsen und Walfischen, die mich durch Sümpfe,
hinauf in den Mond und herab in den Grund des grünen Meeres jagten. Und wenn ich zehnmal mehr getrunken hätte, es
könnte doch einer lange darauf warten, bis ich mich wieder an
jener Stelle niederlegte; ich kenne das!“

Das gebückte Mütterchen

Peggy Barrett war in ihrer Jugend schlank, artig und wohlgesittet und zeichnete sich durch die Vereinigung zweier Eigenschaften aus, die man nicht oft beisammen findet. Sie war nämlich eine sehr sparsame Hausfrau und zugleich die beste Tänzerin in ihrem Geburtsort, dem Dorfe Ballyhuley. Gegenwärtig ist sie an den Sechzigen und in den letzten zehn Jahren ihres Lebens durchaus nicht mehr imstand gewesen, sich aufzurichten. Sie geht gebückt, beinahe bis zur Erde, doch ihre Glieder gebraucht sie, soweit es in dieser Stellung möglich ist, mit völliger Freiheit; ihre Gesundheit ist gut, ihr Geist kräftig, und in der Familie ihres ältesten Sohns, bei welchem sie seit dem Tode ihres Mannes lebt, verrichtet sie alle häuslichen Arbeiten, welche ihr Alter und jenes Gebrechen zulassen. Sie wäscht die Kartoffeln, macht Feuer an, kehrt das Haus (lauter Geschäfte, wobei ihr, wie sie mit guter Laune bemerkt, ihr krummer Rücken sehr zustatten kommt), spielt mit den Kindern und erzählt ihren Hausgenossen und den Freunden aus der Nachbarschaft, die sich oft rund um sie beim Feuer versammeln, ihr in den langen Winter-

abenden zuzuhören, allerlei Geschichten. Die anziehende
Kraft ihrer Unterhaltung wird sehr gepriesen sowohl wegen
ihrer guten Laune als auch wegen ihrer Erzählungen; und
drollige und scherzhafte Begebenheiten, die sich auf ihre ge-
krümmte Gestalt beziehen, dann aber das Ereignis selbst, welches schuld an diesem Mißgeschick ist, sind das Lieblingskapi-
tel ihrer Gespräche. So hörte man sie unter andern erzählen,
wie an einem gewissen Tage, bei dem Schluß einer schlechten
Ernte, als verschiedene Pächter in der Gegend, wo sie lebte, auf
dem Feld eine Bittschrift um Verminderung des Pachtgeldes
beschlossen hätten, das Papier zum Schreiben sei auf ihren
Rücken gelegt und dieser als ein leidlich guter Tisch befunden
worden.

Peggy, wie alle gescheiten Erzähler, pflegte sich, sowohl was
die Ausführlichkeit als den Inhalt ihrer Geschichten betraf,
nach den Zuhörern und den Umständen zu richten. Sie wußte,
daß bei hellem Tageslicht, wenn die Sonne glänzend scheint,
die Bäume knospen, die Vögel rings um uns singen, rührige
und gesprächige Menschen ihren Geschäften oder Vergnügungen nachgehen; sie wußte, doch gewißlich ohne die Ursache zu
kennen oder sich viel darum zu bekümmern, daß, wenn wir
mit dem wirklichen Leben und der wirklichen Welt beschäftigt
sind, der glaubige Sinn fehlt, ohne welchen Erzählungen, die
sonst aufs gewaltigste die Teilnahme anregen, keinen Eindruck hinterlassen. In solchen Stunden war Peggy kurz, hielt
sich nur an Tatsachen und berührte das Wunderbare gar nicht.
Doch an einem Weihnachtabend bei dem flackernden Herde,
wenn Unglaubigkeit aus allen Gesellschaften verbannt ist, we-

nigstens bei stiller und einfacher Lebensart, als eine Eigenschaft, welche, um das Geringste zu sagen, in diese Zeit nicht
paßt; wenn die Winde in düstern Dezembertagen kalt um die
Mauern pfeifen und durch die Türen des kleinen Hauses dringen, eine Mahnung an seine Bewohner, daß, wenn die Welt von
Elementen, die stärker als menschliche Kräfte sind, geplagt
wird, sie auch Wesen einer höheren Natur besuchen – in solchen Stunden pflegte Peggy Barrett ihren Erinnerungen und
ihrer Phantasie oder beiden ohne Rückhalt nachzugeben, und
bei einer solchen Gelegenheit war es, wo sie umständlich erzählte, wie sie zu dieser gekrümmten Gestalt gekommen sei.

„Es war gerade unter allen Tagen im Jahr der Tag vor dem
Mai, wo ich hinaus in den Garten ging, die Kartoffel zu jäten.
Ich wäre den Tag nicht herausgegangen, wäre ich nicht traurig
und kummervoll gewesen und gerne für mich allein. Die Burschen und Mädchen im Haus lachten alle, scherzten und machten Bälle zum Schleudern oder Bänder zurecht für die Ver-
mummten am folgenden Tage. Ich konnte das nicht ertragen.
Eben erst die vergangenen Ostern, und die letzten Ostern waren es zehn Jahre, ich werde die Zeit niemals vergessen, hatte
ich meinen armen Mann begraben, und ich dachte daran, wie
vergnügt und voller Freude ich war so manches lange Jahr vorher eben an diesem Tage, als Robin neben mir saß und ich die
Bänder für den Schleuderball schnitt und nähte, die ich den folgenden Tag den Burschen geben wollte mit dem stolzen Gefühl, allen Mädchen an den Ufern des Blackwater vorgezogen
zu werden von dem hübschesten und besten Schleuderer in
dem Dorf. Ich verließ das Haus und ging in den Garten. Ich

blieb da den ganzen Tag und kam nicht heim zum Essen. Ich
weiß nicht, wie es war, und nur soviel, daß ich in kummervol-
len Gedanken immer fortfuhr zu jäten, einige von den alten
Liedern singend, die ich aber und abermals in den Tagen gesungen habe, die nun dahin sind, vor dem, der nimmer zurück-
kehrt, sie anzuhören. Die Wahrheit zu sagen, es war mir unerträglich hinzugehen und schweigend und finster zu Haus zu
sitzen, unter Menschen, die lustig und jung waren und ihre besten Tage vor sich hatten. Es ward spät, ehe ich an die Heimkehr dachte, und ich verließ den Garten erst einige Zeit nach
Sonnenuntergang. Der Mond stand am Himmel; obgleich kein
Wölkchen zu sehen war und hier und da ein Stern blinkte, so
war der Tag noch nicht lang genug verschwunden, um helles
Mondlicht zu haben; doch schien er hinlänglich, um auf einer
Seite alle Dinge in des Himmels Licht bleich und silberfarbig
zu machen, und ein dünner Nebel begann soeben, über die Felder hinzuziehen. Auf der andern Seite, nach Sonnenuntergang
zu, war noch mehr Tageslicht, und der Himmel blickte ängstlich, rot und feurig durch die Bäume, gleich als ob unten eine
große Stadt in Brand aufloderte. Überall Schweigen, wie auf
einem Kirchhof; nur dann und wann hörte man in der Ferne
einen Hund bellen oder eine eben gemelkte Kuh brüllen. Kein
lebendes Wesen war zu sehen, weder auf dem Wege noch auf
dem Feld. Ich verwunderte mich erst, dann erinnerte ich mich,
daß es der Abend vor dem Mai war und daß mancherlei, Gutes
und Böses, in dieser Nacht umherschwärme und ich die Gefahren meiden müsse wie jeder andre. Ich ging so rasch zu, als
ich konnte, und gelangte bald an das Ende der Mauer, die das

Gut umgibt, wo die Bäume hoch und dicht auf jeder Seite des Wegs aufsteigen und sich meist mit den Wipfeln berühren. Mein Herz hatte ein Vorgefühl, als ich unter ihre Schatten kam. Die Öffnung oben ließ so viel Licht herab, daß ich einen Steinwurf weit vor mir sehen konnte. Plötzlich hörte ich in den Ästen auf der rechten Seite des Wegs ein Rascheln und sah etwas, das einem kleinen, schwarzen Ziegenbock ähnlich war, nur mit langen, breiten Hörnern, auswärts gerichtet statt rückwärts gekrümmt; es stand auf den Hinterfüßen am Rand der Mauer und schaute auf mich herab. Der Atem stockte mir, und ich konnte mich fast eine Minute lang nicht bewegen. Ich mußte, wie es auch zuging, meine Augen unverwandt dahin richten, aber es schaute immer starr auf mich herab. Endlich nahm ich mich zusammen und ging fort, aber ich hatte noch keine zehn Schritte getan, als ich dieselbe Erscheinung auf der Mauer zu meiner Linken erblickte, genau in derselben Stellung, nur noch drei- oder viermal so hoch und beinahe so groß als der größte Mann. Die Hörner sahen schrecklich aus, es starrte mich an wie dort. Meine Beine zitterten, die Zähne schnatterten, und ich glaubte jeden Augenblick, ich würde tot hinfallen. Endlich war es mir, als wäre ich gezwungen zu gehen, und ich ging wirklich fort, aber ich fühlte nicht, wie ich mich bewegte oder wie meine Beine mich forttrugen. Eben als ich an der Stelle vorbeikam, wo das entsetzliche Wesen stand, hörte ich ein Geräusch, als ob etwas die Mauer herabspränge, und hatte ein Gefühl, als wenn ein schweres Tier auf mich stürzte, das, mit den Vorderfüßen mich fest um die Schultern packend, die Hinterfüße in meinen faltigen, zusammengesteckten Rock verwickelte. Ich verwundere mich noch und werde es tun, solange ich lebe, wie ich die heftige Erschütterung ertragen habe, aber ich fiel weder, noch schwankte ich bei der Wucht, sondern ging darauflos, als hätte ich die Stärke von zehn Männern; jedoch fühlte ich, daß ich gezwungen war, mich fortzubewegen, und nicht die Macht hatte stillzustehen, wie ich es wünschte. Doch ich keuchte ängstlich; ich wußte, was ich tat, so deutlich, als ich es in diesem Augenblick weiß; ich versuchte zu schreien, doch ich konnte es nicht, versuchte zu laufen, aber es war nicht möglich, versuchte rückwärts zu schauen, aber Kopf und Nacken waren wie in einen Schraubstock gespannt. Ich konnte nur meine Augen nach beiden Seiten hindrehen, und dann erblickte ich so klar und deutlich, als wäre es in vollem Licht der lieben Sonne, einen schwarzen und gespaltenen Fuß fest auf meine Schulter gelegt. Ich hörte ein leises Atmen in meinem Ohr, ich fühlte, daß bei jedem Schritt, den ich tat, meine Beine an die Füße jener Kreatur stießen, die auf meinem Rücken hing. Endlich sah ich das Haus, und es war mir ein willkommener Anblick, denn ich dachte, ich würde erlöst, wenn ich es erreichte. Ich kam bald nah an die Türe, doch sie war verschlossen, ich schaute nach dem kleinen Fenster, aber es war auch verschlossen, denn sie waren an diesem Abend vorsichtiger als ich; ich sah innen das Licht durch die Spalten in der Türe, ich hörte sie drinnen reden und lachen. Ich fühlte, nur drei Ellen weit war ich von denen entfernt, die alles würden aufgeboten haben, mich zu retten. Und möge Gott mich bewahren, noch einmal zu fühlen, was ich in jener Nacht gefühlt habe! Ich fand mich gehalten von etwas, das nicht gut sein

konnte, ohne Macht, mir zu helfen oder meine Freunde anzu-
rufen oder meine Hand auszustrecken, um zu klopfen, oder
nur meinen Fuß zu heben, um an die Türe zu stoßen und sie
wissen zu lassen, daß ich außen wäre. Es war, als ob meine
Hände an die Seite wüchsen oder meine Füße an den Boden ge-
heftet wären oder als hätte das Gewicht eines Felsens sie daran
befestigt. Endlich dachte ich daran, mich zu bekreuzigen, und
meine rechte Hand, die sonst nichts tat, tat es für mich. Die Last
blieb auf meinem Rücken, und alles war wie zuvor. Ich bekreuzigte mich abermals, es war immer dasselbe. Ich gab mich
für verloren, doch ich bekreuzigte mich zum dritten Mal, und
meine Hand hatte nicht sobald das Zeichen vollendet, als ich
fühlte, wie die Bürde von meinem Rücken sprang. Die Türe
fuhr auf, als wenn der Donner sie einschlüge, und ich stürzte
vorwärts gerade auf die Stirne mitten in die Flur. Als ich wieder
aufstand, war mein Rücken krumm, und ich konnte mich nicht
wieder gerade aufrichten von jener Nacht an bis zu dieser
Stunde.“

Es entstand eine kleine Stille, als Peggy Barrett geendigt
hatte. Diejenigen, welche die Geschichte schon kannten, hatten mit dem Ausdruck halb befriedigter Teilnahme, gemischt
indessen mit jenem ernsthaften und feierlichen Gefühl, welches eine Erzählung übernatürlicher Wunder erregt, sooft sie
auch erzählt wird, zugehört. Sich auf ihren Sitzen bewegend,
verließen sie die Stellung, in welcher sie während der Erzählung verharrt hatten, und nahmen eine andre an, welche zu erkennen gab, daß ihre Neugierde in Beziehung auf die Ursache
dieser seltsamen Begebenheit schon längst befriedigt war. Die-

jenigen aber, welche sie noch nicht gekannt hatten, behielten den Ausdruck und die Stellung gespannter Aufmerksamkeit und ängstlicher, aber feierlicher Erwartung. Ein Enkel der Peggy von etwa neun Jahren (doch kein Kind des Sohnes, bei welchem sie lebte) hatte noch nie die Geschichte gehört. So wie seine Aufmerksamkeit wuchs, drängte es sich immer fester an die Seite der alten Frau, und beim Schluß schaute es unverwandt nach ihr hin, mit seinem Leib über ihre Knie zurückgebogen und sein Gesicht zu ihr hinaufgerichtet, mit einem Ausdruck, in welchem die Neigung zu weinen mit der Neugierde zu kämpfen schien. Nach einem augenblicklichen Stillschweigen konnte es nicht länger seine Neugierde bezähmen, und ihre grauen Locken mit einem Händchen fassend, während Tränen der Furcht und des Erstaunens gerade von seinen Augenwimpern herabtröpfelten, rief es: „Großmutter, wer war das?" Peggy lächelte erst nach dem ältern Teil der Zuhörer, dann nach ihrem Enkel hin, und ihm sanft über die Stirne streichelnd, sagte sie: „Es war die Phooka!"

Die verwünschte Burg

Ich hatte versprochen, die Weihnachten 1820 auf der Insel
Bawn Horne in der Grafschaft Tiobrad Árann zuzubringen, und war dort den 18. Dezember in Dublin angelangt.
Müde von der Reise blieb ich zwei Tage lang bei einem Buche,
das mich anzog, ruhig am Kamin sitzen.

Als ich ausging, war der erste, der mir begegnete, der alte
Schmied Pierce Grace, dessen Sohn mich auf die Jagd zu begleiten pflegte. „Willkommen hierzulande!" hub er an, „ich
habe gestern den ganzen Tag darauf gehofft, Euer Gnaden zu
sehen."

„Ich danke Euch, Pierce, ich bin bei der Frau vom Hause
geblieben."

„Das hörte ich", antwortete er, „und getraute deshalb nicht,
mich vor Euch zu zeigen. John ist bereit, Euch zu begleiten,
und hat Spur von einer großen Anzahl Vögel."

Mit der Flinte in der Hand durchstreifte ich am folgenden
Morgen die Umgegend und wurde von John, des alten Pierce
Sohn, bedient. Nachdem wir einige Stunden umhergezogen
waren, gelangten wir in ein gewundenes Tal, durch welches

der Curriheen fließt, und erblickten die Burg von Ballinatotty, deren Grundmauern er bespült, in der Ferne.

Diese Burg ist noch immer gut erhalten und war vordem ein einigermaßen fester Platz. Hier hatte das mächtige und grausame Geschlecht O'Brian, das eine Geißel und ein Schrecken des Landes war, einen Sitz. Die Sage hat die Namen von dreien Gliedern der Familie erhalten: Phelim mit der starken Hand, Morty mit der blutigen Hand, der Sohn, und Donough ohne Barmherzigkeit in der Finsternis, der Enkel, dessen Grausamkeiten die blutigen Taten seiner Vorfahren völlig in Schatten stellten. Von ihm wird erzählt, daß er auf einem seiner Raubzüge in das Gebiet eines benachbarten Stammhäuptlings alles, Mann und Kinder, mit dem Schwert umbrachte, die Frauen aber, nachdem sie auf seinen Befehl halb in die Erde eingegraben waren, von Bluthunden zerreißen ließ. „Gerade um seine Feinde in Furcht zu setzen", fügte der Erzähler hinzu. Die Handlung jedoch, welche die heftigsten Verwünschungen auf ihn hervorrief, war der Mord seines Weibes, Helen mit dem Goldhaar, deren Schönheit und Freundlichkeit im ganzen Land gerühmt wurde. Sie war die Tochter des O'Kennedy von Lisnabonney Castle und schlug die angebotne Hand des Donough aus; in dieser Weigerung durch ihren Bruder Brian Oge (mit dem Beinamen der Überredende) unterstützt, wurde ihr vergönnt, unverheiratet bei ihrem Vater zu bleiben, dessen Tod sie von aller Furcht vor Zwang zu befreien schien. Doch ehe ein Monat verging, wurde Brian Oge von unbekannter Hand ermordet, bei welcher Gelegenheit Helen das gefühlvolle und wohlbekannte Trauerlied „Mein Herz ist krank und schwer von

Jammer" dichtete. Als sie von dem Leichenbegängnis ihres Bruder zurückkam, lauerte Donough dem Zuge auf; ihre Diener wurden niedergehauen, und sie selbst sah sich genötigt, seine Frau zu werden. Helen kam zuletzt durch seine Hand um, indem er sie der Sage nach aus einem Bogenfenster herabstürzte, weil sie ihn mit dem Mord ihres Bruders belastet habe. Die Stelle, wo sie hinfiel, wird gezeigt, und an dem Jahrestag ihres Todes, den zweiten Dienstag im August, glaubt man, besuche ihr Geist diese Stelle.

Ich gab meine Flinte ab und stieg hinauf, die Burg näher zu betrachten. Ein Fenster an der Südseite wird als dasjenige bezeichnet, aus welchem Helen herabgestürzt worden, doch es ist viel wahrscheinlicher, daß es von der Zinne darüber geschah, eines besondern Umstands wegen, es sind nämlich in dem Mauerwerk oben und unten regelmäßige Löcher sichtbar, woraus hervorgeht, daß zur Zeit der Erbauung Eisengitter eingefügt waren, mithin das Fenster nicht offen sein konnte.

Nachdem meine Neugierde befriedigt war, stand ich im Begriff, den Ort wieder zu verlassen, als ich eine Öffnung in einer Ecke nach Südosten bemerkte. Ich geriet in Versuchung nachzuforschen und fand eine enge Steintreppe, welche zu einer Schlafkammer führte. Diese Kammer war von einem Dachshund und seiner ganzen jungen Brut besetzt. Gereizt durch mein Eindringen, ging die Alte auf mich los, und da ich ohne Mittel zur Verteidigung war, mußte ich mich schleunig zurückziehen. Wie weit mich das wütende Tier verfolgte, kann ich nicht sagen, denn bei meiner übereilten Flucht, als ich die zweite Steintreppe herabstieg, glitt mein Fuß aus, und ich rollte durch eine breite Öffnung in einen Raum, der wahrscheinlich sonst als Behälter gedient hatte. Doch die Gefahr, in welche ich jetzt geriet, war viel größer als jene, welcher ich entfloh, denn der Boden dieses Gemachs befand sich im höchsten Grad von Verfall. Eine Katze würde kaum ohne Gefahr darüber weggeschlichen sein, und bei der Gewalt, mit welcher ich anlangte, konnte die vermoderte Oberfläche nicht mehr Widerstand leisten als ein Spinnengeweb; ich stürzte hindurch und in die finstere Tiefe hinab. Eine Menge Fledermäuse, welche meine plötzliche Ankunft aufstörte, schwangen ihre Flügel und umschwirrten mich.

Als ich wieder zu Besinnung kam, drangen verwirrte Klänge menschlicher Stimmen in meine Ohren, und ich unterschied darauf eine weibliche, welche mit dem Ton der liebreichsten Zärtlichkeit sagte: „Er ist gerettet! Er ist gerettet! Das Leben kehrt zurück!" Ich schlug die Augen auf und fand mein Haupt in dem Schoße eines Bauernmädchens von achtzehn Jahren liegen, welches meine Schläfe rieb. Gesundheit oder Besorgnis gaben ihren milden, aber ausdrucksvollen Zügen eine eigene Glut, und ihr hellbraunes Haar war einfach über die Stirne gescheitelt. Auf einer Seite stand ein alter Mann, ihr Vater, mit einem Bund Schlüssel, und an der andern kniete John Grace mit einer Schale gebranntem Wasser, welches sie anwendete, mich wieder zur mir selbst zu bringen. Ich blickte mich um und bemerkte, daß wir uns auf einem Felsen in der Nähe der Burg befanden und der Fluß zu unsern Füßen floß. Verschiedene Ausrufungen der Freude folgten, und der alte Mann bestand darauf, als John die Schale wegschütten wollte, daß ich einen

Schluck davon nähme; nachdem ich das getan und mich auf-
gerichtet hatte, dankte ich ihnen und bot eine geringe Belohnung in Geld an, doch sie wollten nichts nehmen. „Gewiß und
wahrhaftig", sagten sie, „wir hätten mit Freuden zehnmal soviel für Euer Gnaden getan, ohne Belohnung oder Vergeltung."

Ich fragte hierauf, wie sie mich gefunden hätten. „Da ich
dachte", antwortete John, „daß Euer Gnaden sich einige Zeit in
den Gängen und Ecken der Burg umsehen wollten, so machte
ich die Runde, um mit Annie da ein wenig zu schwätzen, und
wie wir so über dieses und jenes redeten und Annie mir gerade
sagte, die Jungen, ihre Brüder, hätten im Fluß gefischt und einen ganzen Zuber voll großer Aale gefangen, und wenn ich
dächte, der gnädigen Frau geschähe ein Gefallen damit, so
könnte ich soviel davon nehmen, als ich Lust hätte, und es
sollte ihnen lieb sein, als wir ein gewaltiges Getöse und
Krachen hörten. ,Was ist das?' rief ich. ,Ich denke', antwortete
Annie, ,das alte, graue Pferd hat sich totgefallen, oder es ist
Paddys spanischer Hund, der umherspringt; es ist nicht zu
sagen, was für Verdruß mir der macht; sie sind beide in dem
Torfhaus neben uns.' Sie meinte den untern Teil der Burg, in
welchen Cromwell Bresche schoß und neben welchem die
Hütte stand.

Eben kam Tom Hagerty daher, und wir hörten einen Schrei.
,Das ist des Herrn Stimme', sagte ich, ,er ist durch die Flur gefallen.' – ,Ach! Wenn das ist', rief Tom, ,so bin ich auf immer
verloren. Noch vorigen Montag hieß mich mein Herr die
Treppe herstellen, oder, sagte er, es könnte da jemand sich
totstürzen, und wahrhaftig, ich gedachte es morgen am Tag zu

tun.' Wir holten ein Licht und sahen die Phookas, welche die Ursache Eures Falls waren, in Gestalt von Fledermäusen fortfliegen, und da fanden wir Euer Gnaden und Torf überall auf dem Platz, und gewiß und wahrhaftig, wenn Ihr nicht zuerst darauf gefallen wärt, sondern auf die Knochen, die Paddy und Mick von der Hochzeit des jungen Herrn da aufgesammelt hatten, Ihr wärt ganz zerschmettert. Wir alle waren in Eifer und Verwirrung über die verwünschten Phookas, die da waren, und wußten nicht, was wir anfangen sollten. Doch Annie gab den Rat, Euch an die frische Lust zu bringen, und das taten wir auch, und, Gott sei gedankt!, unserer Sorge und Bemühung gelang es, Euch wieder ins Leben zu bringen, aber es dauerte verzweifelt lang, und mir kam es vor, als sei es so gut als aus mit Euch."

DAS LAND DER JUGEND

SPRINGWASSER

enn man aus der Stadt Corcaigh geht, unweit der Galgenwiese, liegt ein großer See, auf dem sich winters das Volk mit Schlittschuhlaufen ergötzt; aber die Lust über dem Wasser ist nichts in Vergleich mit der, die darunter ist, denn auf dem Boden dieses Sees stehen Gebäude und Gärten, die prächtigsten, die man je gesehen. Wie sie dahin kamen, hat sich folgendermaßen zugetragen.

Lange bevor ein sächsischer Fuß irischen Grund betrat, lebte ein großer König namens Corc; sein Schloß stand da, wo jetzt der See ist, in einer grünen, meilenbreiten Aue. Mitten im Burghof befand sich ein Springbrunnen so reinen, klaren Wassers, daß es ein Wunder war. Der König freute sich auch nicht wenig, eine solche Merkwürdigkeit in seinem Schlosse zu besitzen; als aber die Leute in Haufen herbeikamen von fern und von nah, das köstliche Wasser dieses Brunnens zu schöpfen, fürchtete er, daß es mit der Zeit versiegen möchte. Er befahl, eine hohe Mauer rundherum zu bauen, und wollte niemand mehr zu dem Wasser lassen, was ein großer Schaden für die armen Leute war, die in der Gegend wohnten. Sooft er aber selbst Wasser brauchte, sandte er seine Tochter hin, es zu holen, und vertraute den Schlüssel zu der Quelltüre keinem seiner Diener aus Besorgnis, sie könnten etwas davon weggeben.

Eines Abends feierte der König ein großes Fest, viele Fürsten waren zugegen, Grafen und Edelleute ohne Zahl, das ganze Schloß war voll Herrlichkeit, Freudenfeuer stiegen in die Wolken auf, der Tanz drehte sich, und so süße Musik ging dazu, daß sie die Toten aus ihren Gräbern hätte wecken mögen; Speisen standen für jeden bereit, der hereinkam, und niemand wurde von dem Schloßtor zurückgewiesen, jedem rief der Pförtner: „Willkommen, herzlich willkommen!" entgegen.

Nun geschah es aber, daß bei diesem großen Feste auch ein junger Prinz erschienen war, lieblich von Ansehen, so schlank und gerade, wie sich ihn nur ein Auge wünschen möchte zu erblicken. Recht lustig tanzte er den Abend mit des alten Königs Tochter auf und nieder, federleicht und die Füße so zierlich setzend, daß es allgemeine Bewunderung auf sich zog. Die Musikanten spielten aufs beste, um einem solchen Tanz Ehre zu machen, und jene tanzten, als stände ihr Leben darauf. Nach dem Tanz folgte das Abendessen, der junge Prinz saß seiner schönen Tänzerin zur Seite, und sooft er mit ihr sprach, lächelte sie ihm zu; er tat es aber lange nicht so oft, als sie wünschte, denn er mußte sich vielmals zu der Gesellschaft umdrehen und für die Komplimente danken, die seiner schönen Tischgefährtin und ihm gemacht wurden.

Mitten in der Mahlzeit sagte einer von den großen Herrn zu dem König Corc: „Mit Eurer Majestät Erlaubnis, alles ist hier im Überfluß, was das Herz sich wünschen mag, beides, zu essen und zu trinken, nur kein Wasser."

„Wasser!" sagte der König mit Wohlgefallen darüber, daß jemand das forderte, woran absichtlich Mangel gelassen war, „Wasser sollt Ihr gleich haben, und von so köstlicher Art, daß ich die ganze Welt auffordere, ein gleiches vorzuweisen. Tochter", rief er, „geh, hole welches in dem Goldeimer, den ich dazu habe machen lassen."

Die Königstochter, welche Fior Usga, Springwasser, hieß, schien eben nicht zufrieden damit, heute vor so vielen Leuten diese gemeine Hausarbeit zu übernehmen. Sie wagte nicht, ihres Vaters Geheiß zu widerstreben, aber sie zögerte, auf den Boden schauend. Der König, welcher seine Tochter sehr liebte, merkte ihre Verlegenheit, und es tat ihm leid, daß er es von ihr begehrt hatte, doch sein königliches Wort durfte er nicht zurücknehmen; er sann auf ein Mittel, sie gleich dahinzubringen, daß sie das Wasser holte, und fiel auf den Gedanken, der Prinz, ihr Tischgesell, solle sie begleiten. Mit lauter Stimme sagte er: „Meine Tochter, mich wundert nicht, daß du dich fürchtest, allein auszugehen so spät in der Nacht, der junge Prinz dir zur Seite, hoffe ich, wird dich begleiten." Der Prinz hörte das mit Vergnügen, und den Goldeimer an die eine Hand nehmend, mit der andern die Königstochter aus dem Saal führend, zog er die Blicke aller Gäste auf sich.

Als sie zu dem Wasserbrunnen im Schloßhof kamen, schloß die schöne Usga das Tor sorgfältig auf, bückte sich mit dem Goldeimer und wollte Wasser schöpfen, aber das Gefäß wurde ihr so schwer, daß sie das Gleichgewicht verlor und in den

Brunnen stürzte. Vergeblich strebte der junge Prinz sie zu retten, das Wasser stieg und stieg so mächtig, daß es schnell den ganzen Schloßhof einnahm; außer sich eilte er zurück zu dem König.

Das Brunnentor war offen geblieben, und das lang verschloßne Wasser, froh über die erlangte Freiheit, rauschte unablässig herein, stieg jeden Augenblick höher und war in dem Gastsaal so schnell wie der junge Prinz selbst, dergestalt daß, wie er versuchte, mit dem König zu reden, er bis an den Hals im Wasser stand. In die Länge stieg das Wasser zu solcher Höhe, daß es die ganze grüne Aue, in welcher des Königs Schloß lag, erfüllte, und so wurde der jetzige See von Corcaigh gebildet.

Aber der König und seine Gäste ertranken nicht, noch seine Tochter, die schöne Usga, sondern die nächste Nacht nach dem schreckenvollen Ereignis kehrte sie zum Festgelag zurück, und seitdem jede Nacht geht das Fest und der Tanz an in dem Boden des Sees und wird so lange dauern, bis es einem gelingt, den Goldeimer herauszubringen, der die Ursache des Unheils war.

Und niemand kann zweifeln, daß dies Gericht darum über den König erging, weil er den Brunnen im Schloßhof den armen Leuten verschlossen hatte. Wer aber der Sage nicht glaubt, gehe hin an den See; wenn das Wasser niedrig und hell steht, so wird er mit guten Augen die Turmspitzen und andere Häuser in der Tiefe erblicken.

DER SEE CORRIB

Nicht weit von dem See Corrib in der Grafschaft Galway lebte ein junges Paar, Cormac und Molly, die sich zärtlich liebten und deren Glück nichts im Wege zu stehen schien. Ihr Hochzeitstag war schon bestimmt, als Molly plötzlich verschwand, niemand wußte, wohin. Sie war ausgegangen und abends zu der gewöhnlichen Stunde nicht wieder nach Haus gekommen, und als ihre Eltern, während Sorge und Angst jede Minute wuchsen, vergeblich die ganze Nacht auf sie gewartet und auch der helle Morgen ihr geliebtes Kind nicht zurückgeführt hatte, so gaben sie alle Hoffnung auf; und der nagende Schmerz über ihren Verlust wurde noch geschärft durch den Gedanken, daß ein Sturz in Abgründe oder sonst ein jämmerlicher, qualvoller Tod ihrem jungen Leben ein Ende gemacht habe.

Wer vermag Cormacs Schmerz und Verzweiflung zu beschreiben! Er irrte weit und breit umher, die heimlichsten und unzugänglichsten Orte suchte er auf, doch es schien, wenn auch Wald und Feld, Bäume, Blumen und Steine die Sprache erhalten hätten, sie würden nichts von ihr haben sagen können; kein lebendes Wesen hatte sie erblickt, und alle Spur von ihrem Dasein war verschwunden.

Von nun an ging er jeden Abend hinaus zu dem See Corrib, setzte sich auf die Felsen am Ufer, wo die wildesten und traurigsten Gedanken, wahnsinnige Wut und lebloses Erstarren sich abwechselnd seiner Seele bemächtigten und sie in immer tiefere Verwirrung senkten.

„Nein, sie ist nicht tot!" rief er aus, „sie lebt; das dunkle Grab hat kein Verlangen nach dieser reinen Taube, die schneeweiß und unschuldig ist und ohne Sünde; der Tod zielt nur nach jenen, deren Seele gereinigt werden soll. Sie lebt hier unter dem Wasser des Corrib; bei jeder Welle, die daherrauscht, höre ich ihre Stimme und vernehme die Lieder, die ich sie selbst gelehrt habe. Kalt ist der Felsen, auf dem ich sitze, frostig wehen die Winde mich an, Nebel bedeckt das dunkle Gewässer, aber ihr Herz ist noch kälter! Warum kehrt sie nicht zu mir zurück? Ach! Harte, entsetzliche Zauberworte halten sie gebannt!"

Einmal lag der See in der tiefsten Ruhe. Nur eine einzige weiße Welle rollte sanft darüber hin. Sie kam näher und näher bis zu Cormacs Sitze. Da schien es ihm, als entwickle sich daraus ein ganzer Zug wunderbarer Gestalten. Der Vollmond leuchtete so hell darüber hin, daß er imstand war, sie deutlich zu unterscheiden, und doch waren die Gestalten so zart und luftig, daß der Strahl des Mondes ungehindert durch sie drang. Vor ihnen entfaltete sich flatternd eine Fahne, dann folgte ein langer Zug in prächtiger Rüstung, Helme und Speere leuchteten in höchstem Glanz, und deutlich war zu sehen, wie der Widerschein davon auf dem leicht zitternden Wasserspiegel in be-

ständiger Bewegung hin und her schwankte. Sie saßen auf geschmückten Rossen, welche auf dieser pfadlosen Bahn in die Höhe stiegen und wild sich bäumten, während über ihren Häuptern wallende Düfte hingen, deren Säume in den Farben des Regenbogens schimmerten. Rührte ein leiser Wind daran, so lösten sich schillernde Flöckchen ab und zitterten in dem sanften Luftstrom. Kein Schweigen herrschte, es erhob sich ein langsamer, feierlicher Gesang, dessen Töne in unaussprechlicher Süßigkeit leis und doch mächtig heranschwollen. Bei diesem Gesang bewegte sich die ganze lustige Schar in anmutiger Leichtigkeit.

Cormac saß und starrte die Erscheinung an; seine betäubten Sinne wußten nicht, ob er sich selbst mit diesem Blendwerk täusche oder ob es wirklich vor ihm nach dem Takt der Musik auf und ab walle, bald in höchster Lust anschwellend, bald dahinsterbend, als spotte es seiner.

Endlich sich ermannend, rief er mit lauter Stimme: „Christ, rette ihre Seele!", und kaum war der geheiligte Namen über seine Lippen gekommen, als ein furchtbares Geheul und teuflisches Geschrei antwortete und die ganze Erscheinung verschwand. Neben ihm am Ufer stand Molly, schöner als je, frei durch das eine Wort von aller Macht des Zaubers und ihm zu neuem Leben und neuer Liebe zurückgegeben.

DIE KUH MIT DEN SIEBEN FÄRSEN

Larry Cotter besaß ein kleines Gut in der Gegend von dem See Cur und gedieh dabei, denn er war ein guter, fleißiger Mann, der bis an seinen Tod still und ruhig darauf gelebt haben würde, wenn ihn nicht ein Unglück betroffen hätte, von dem ihr sogleich hören sollt. Nah am Wasser gehörte ihm ein feines Stück Wiesenland, wie man es sich nicht besser wünschen kann, um dessen Ertrag er aber schmählich gebracht wurde, und niemand konnte sagen, durch wen. Ein Jahr um das andere fand es sich immer auf dieselbe Weise zugrund gerichtet. Die Einfriedigung war im gehörigen Stand und kein Grenzstein verrückt; des Nachbars Vieh konnte keinen Schaden gestiftet haben, denn es war gekoppelt; aber wie es nun geschehen mochte, das Gras auf der Wiese wurde zu großem Verluste Larry völlig verdorben.

„Was in der weiten Welt soll ich nur anfangen?" sagte Larry Cotter zu Tom Welch, seinem Nachbar, einem ehrsamen Mann, „das bißchen Wiese, wofür ich schwere Abgaben entrichten muß, bringt mir soviel wie nichts ein, und die Zeiten sind bitter schlecht genug; sie brauchten nicht noch schlimmer zu werden."

„Ihr redet wahr, Larry", versetzte Welch, „die Zeiten sind bitter schlecht, aber ich glaube, wenn Ihr bei Nacht wachen wolltet, Ihr könntet bald dahinterkommen; Mick und Daniel, meine beiden Jungen, sollen mit Euch wachen; es ist zum Erbarmen, daß ein so ehrlicher Mann, wie Ihr seid, auf so schimpfliche Weise zugrunde gehen sollte."

Dieser Übereinkunft gemäß nahmen die folgende Nacht Larry Cotter und Welchs beiden Söhne ihren Posten in einer Ecke der Wiese. Es war eben Vollmond, der sein Licht über den ruhigen See ergoß, kein Wölkchen war am Himmel zu sehen, kein Laut zu hören als der Schrei der Wachteln, die sich einander über das Wasser hin zuriefen.

„Jungen, Jungen!" sagte Larry, „schaut auf, schaut auf, aber ums Leben macht kein Geräusch, und rührt euch keinen Schritt, bis ich das Wort sage."

Sie schauten und sahen eine dicke, fette Kuh in Begleitung von sieben milchweißen Färsen über die glatte Fläche des Sees sich nach der Wiese zu bewegen.

„Das ist nicht Tim Dwyers, des Pfeifers Kuh, die sich alles Fleisch von den Knochen getanzt hat", flüsterte Mick zu seinem Bruder.

„Ihr Jungen", sprach jetzt Larry Cotter, der die saubere Kuh mit ihren sieben weißen Färsen schönstens auf der Wiese angelangt sah, „sucht mir zwischen sie und den See zu kommen; wir wollen sie geradezu in den Pfandstall treiben, gleichviel wem sie gehören."

Die Kuh mußte aber diese Worte vernommen haben, denn augenblicklich wendete sie sich in größter Eile zu dem Ufer des

Sees und sprang hinein vor ihrer aller Augen; hinter ihr liefen die sieben Färsen, doch die Jungen gewannen ihnen den Vorsprung ab und hatten große Mühe, sie von dem See weg zu Larry Cotter hinzutreiben.

Larry trieb die sieben Färsen in den Pfandstall; es waren prächtige Tiere, und nachdem er sie daselbst drei Tage lang gehalten hatte, ohne daß sich ein Eigentümer meldete, so nahm er sie heraus und brachte sie auf eines seiner Grundstücke. Sie wuchsen und gediehen mächtig, bis in einer Nacht das Gatter offen gelassen wurde und des Morgens die sieben Färsen fort waren. Larry konnte nichts wieder von ihnen in Erfahrung bringen, und ohne Zweifel waren sie in den See zurückgegangen. Woher sie nun kamen und welcher Welt sie zugehörten, Larry bekam ihretwegen kein Hälmchen Gras mehr von der Wiese. Aus Verdruß gab er sich ans Trinken, und der Trunk, sagt man, hat ihn getötet.

DER VERZAUBERTE SEE

Im westlichen Irland war ein See, und ohne Zweifel ist er noch daselbst, in dem zu verschiednen Zeiten mehrere junge Leute ertranken. Was dieses Ereignis besonders merkwürdig machte, war, daß man die Leichname der Ertrunkenen niemals wiederfand. Das Volk geriet darüber in Verwunderung, und allmählich erlangte der See einen schlimmen Ruf. Schreckvolle Geschichten wurden erzählt; einige behaupteten, in dunkler Nacht leuchteten die Fluten wie Feuer; andere wollten schauerliche Gestalten über den See haben gleiten sehen; jedermann gab zu, daß ein seltsamer Schwefelgeruch aus ihm hervorsteige.

Es lebte in geringer Entfernung von diesem See ein junger Pachter namens Roderick Keating, Bräutigam mit einem der schönsten Mädchen der ganzen Gegend. Eben war er von Luimneach, wo er einen Trauring gekauft hatte, im Geleit zweier oder dreier von seiner Bekanntschaft zurückkehrend, an dem Gestade des Sees angelangt, als diese mit ihm über Peggy Honan ihren Scherz zu treiben begannen. Einer erwähnte sogar, daß der junge Delaney, ein Nebenbuhler, in des

Bräutigams Abwesenheit um die Gunst der Geliebten würbe;
aber Rodericks Vertrauen auf seine Verlobte war so fest, daß er,
ohne im geringsten durch diese Rede beunruhigt zu werden,
mit der Hand in die Tasche griff, den Trauring hervorzog und
ihn bedeutungsvoll umherblickend in die Höhe hielt. Indem er
so den Ring als ein wahres Siegeszeichen zwischen Zeigefinger
und Daumen umdrehte, entfiel er seiner Hand und rollte in den
See hinab. Roderick sah ihm mit der höchsten Bestürzung
nach, weniger seines Wertes, obgleich er eine halbe Guinee
dafür gegeben hatte, als der schlimmen Vorbedeutung wegen;
das Wasser war so tief, daß man des Ringes schwerlich wieder
habhaft werden konnte. Seine Gefährten lachten ihn aus; vergeblich suchte er durch das Anerbieten ansehnlicher Belohnung sie zu bewegen, nach dem Ring unterzutauchen; sie waren sowenig zu dem Wagstücke geneigt als Roderick selbst; die
Erzählungen, die sie als Kinder vernommen hatten, schwebten
ihrem Gedächtnis vor, und abergläubische Furcht erfüllte die
Brust eines jeden.

„Muß ich also nach Luimneach umkehren, einen andern
Ring zu kaufen?" rief der junge Pachter, „zehnmal soviel, als
der Ring kostet: Will es keiner darum wagen?"

Unter den Umstehenden befand sich ein Mensch, den man
allgemein für blödsinnig und nicht recht bei Troste hielt; er war
aber unschuldig wie ein Kind und pflegte in der Gegend hin
und her von einem Ort zum andern zu gehen. Als er so ansehnlichen Lohn ausrufen hörte, erklärte Paddin, denn das war
sein Name, wolle ihm Roderick Keating geben, was er den andern verheißen hätte, so getraue er sich wohl, nach dem Ring

unterzutauchen. Und Paddin schaute, während er sprach, ebenso begierig nach der Lustfahrt hin als nach dem Geld.

„Ich halte dich beim Wort", sprach Roderick, und augenblicklich seinen Rock abziehend, ohne weiter eine einzige Silbe zu verlieren, stürzte sich Paddin häuptlings in den See. Wie tief er hineinkam, läßt sich nicht genau berichten; aber er ging und ging und ging durch das Wasser fort, bis das Wasser vor ihm wich und er auf ein trockenes Land gelangte. Himmel, Luft, Tageslicht und alles andere waren da geradeso wie hier bei uns; er sah einen reizenden Grund, wodurch ein zierlicher Weg führte nach einem großen, mit stattlichen Treppen umgebenen Hause. Sobald er sich von seinem Staunen erholt hatte, unter dem Wasser so trocknes und anmutiges Land zu finden, schaute er genauer um, und was sollte er anders erblicken als die ertrunkenen Jünglinge, die sich in diesem Lustort beschäftigten, als wäre ihnen niemals ein Übel zugestoßen. Einige mähten Gras, einige schafften Kiessand auf den Weg oder taten andere leichte Arbeiten und vollbrachten alles auf so gute Art und so munter, als wären sie niemals ertrunken. Dann sangen sie mit großer Lust Lieder, worin sie die Frau vom Hause wegen ihrer Schönheit und ihres Reichtums priesen, wogegen nichts in der Welt bestehen könne. Paddin konnte sich nicht enthalten, ihnen zuzusehen; einige darunter, bevor sie im See ertrunken waren, hatte er gut gekannt; aber er war stumm wie ein Fisch, dachte dafür sein Teil, und kein Sterbenswörtchen kam über seine Lippen. So ging er nach dem großen Haus zu, ganz unbefangen, als habe er nichts gesehen, was der Rede wert gewesen; dabei wünschte er gar sehr zu wissen, wer die junge Frau wäre, von welcher die jungen Männer in ihrem Gesang so viel Wesens gemacht hatten.

Als er nah zu dem Tor des großen Hauses gelangt war, trat aus der Küche eine gewaltig dicke Frau heraus, wie eine Biertonne auf zwei Beinen. Daher bewegte sie sich, und Zähne ragten aus ihrem Munde, nicht geringer als Pferdezähne.

Sie kam auf ihn zu und sagte: „Guten Morgen, Paddin."

„Guten Morgen, Madam", antwortete er.

„Was bringt Euch hierher?" fragte sie.

„Ich komme wegen Roderick Keatings Goldring."

„Hier ist er", sagte Paddins dicke Freundin mit einem Lächeln auf ihrem Gesicht, das sich bewegte wie kochender Haferbrei.

„Ich danke Euch", antwortete Paddin und nahm den Ring aus ihrer Hand. „Es ist nicht nötig, daß ich hinzufüge, der Herr gebe Euch sein Gedeihen! Denn Ihr seid bereits wohlbeleibt genug. Aber wollt Ihr so gut sein und mir sagen, führt der Weg, auf welchem ich gekommen bin, auch wieder zurück?"

„Kamt Ihr denn nicht, mich zu heiraten?" schrie die dicke Frau ganz außer sich.

„Diesmal nicht, mein Schatz, wann ich wiederkomme", antwortete Paddin. „Ich werde für meinen Gang hierher gut bezahlt und muß machen, daß ich Antwort bringe, oder die werden wunder denken, was aus mir geworden sei."

„Bekümmert Euch um kein Geld", sagte die dicke Frau, „wenn Ihr mich heiratet, so sollt Ihr für Euer Lebtag in dem Haus wohnen und an nichts Mangel leiden."

Paddin sah deutlich, daß, da er einmal im Besitz des Ringes

sei, die dicke Frau weiter keine Gewalt habe, ihn zurückzuhalten. Ohne also länger auf ihre Worte zu achten, wandelte er ganz gelassen den Gang wieder herab und schaute sich dabei um, denn er hatte, die Wahrheit zu sagen, keine sonderliche Lust, die dicke Hexe zu heiraten. Als er zu dem Gatter kam, stürzte er, ohne nur guten Tag zu sagen, hinaus und fand das Wasser, welches ihm entgegenkam. Er sprang hinein und arbeitete sich in die Höhe, und es war wunderbar genug, da man Paddin nach der entgegengesetzten Seite des Sees hatte wegschwimmen sehen; doch er gelangte bald ans Ufer und erzählte Roderick Keating und den andern Burschen, die da standen und auf ihn gewartet hatten, alles, was ihm begegnet war. Roderick zahlte ihm auf der Stelle fünf Guineen für diesen Ring, und mit diesem Geld in der Tasche deuchte sich Paddin so reich, daß er nicht Lust hatte, zurückzukehren und die dicke Frau zu heiraten, die in dem Grund des Sees in dem schönen Hause saß. Er dachte, sie hat ja unter der Menge junger Leute die Wahl, wenn ihr die Lust ankommen sollte, einen Mann zu nehmen.

DIE ERSCHEINUNG
DES O'DONOGHUE

Ehemals zu einer Zeit, die schon so lange dahinge-
schwunden ist, daß sie nicht genau mehr kann bestimmt werden, herrschte in dem Land, welches den
reizenden See Lean, der jetzt See von Killarney heißt, umgibt,
ein Fürst namens O'Donoghue. Weisheit, Wohlwollen und Gerechtigkeit zeichneten seine Regierung aus; Glück und Wohl-
fahrt seiner Untertanen waren die natürlichen Folgen davon.
Er soll ebenso berühmt geworden sein durch Heldentaten im
Krieg als durch Tugenden des Friedens, und zum Beweis, daß
die Milde seiner Regierung der Strenge keinen Abbruch tat,
wird Fremden eine Felseninsel gezeigt, die O'Donoghues Ge-
fängnis heißt, weil er einmal seinen eigenen Sohn wegen eines
unordentlichen und ungehorsamen Betragens dahin verwies.

Sein Ende, denn man kann nicht eigentlich sagen sein Tod,
war seltsam und geheimnisreich. Auf einem jener glänzenden
Feste, die seinen Hof verherrlichten, umgeben von seinen aus-
gezeichnetsten Untertanen, kam ein prophetischer Geist über
ihn, und er sagte voraus, was in den zukünftigen Zeiten geschehen würde. Seine Zuhörer horchten, bald von Staunen er-

griffen, bald in Unwillen entbrannt, bald glühend vor Scham oder von Kummer gebeugt, je nachdem er die Tapferkeit, die Ungerechtigkeiten, die Verbrechen und das Elend ihrer Nachkommen offen verkündigte. Mitten in diesen Prophezeiungen erhob er sich langsam von seinem Sitz, bewegte sich in feierlichen, gemessenen und majestätischen Schritten nach dem Ufer des Sees und ging ruhig auf der Oberfläche des Wassers fort, das unter seinen Füßen nicht wich. Als er beinahe die Mitte erreicht hatte, blieb er einen Augenblick stehen, dann kehrte er sich langsam um, schaute zurück nach seinen Freunden, und die Arme gegen sie bewegend, wie wenn jemand mit liebreicher Gebärde einen kurzen Abschied nimmt, entschwand er ihren Blicken.

Das Andenken an den guten O'Donoghue ist von den folgenden Geschlechtern sorgsam und mit Ehrfurcht bewahrt worden. Man glaubt, jedesmal am ersten Mai, dem Jahrestage seines Scheidens, morgens bei Sonnenaufgang komme er wieder, sein altes Reich zu besuchen. Nur wenigen Begünstigten ist in der Regel vergönnt, ihn zu sehen, und wem diese Auszeichnung zuteil wird, der betrachtet sie als eine glückliche Vorbedeutung. Ist es vielen gestattet, so gilt es als sicheres Zeichen reichlicher Ernte, ein Segen, dessen Mangel während der Regierung dieses Fürsten von seinem Volke niemals gefühlt wurde.

Einige Jahre waren verstrichen seit der letzten Erscheinung des O'Donoghue. Der April war diesmal auffallend wild und stürmisch gewesen, doch am Morgen des ersten Mai hatte sich die Wut der Elemente gelegt. Die Luft wehte sanft und still, und der Himmel, der sich in dem reinen See spiegelte, glich einem schönen, doch trügenden Antlitz, dessen Lächeln nach den heftigsten Bewegungen den Unkundigen zu glauben verleitet, daß es einer Seele angehöre, die noch von keiner Leidenschaft sei zerrissen worden.

Die ersten Strahlen der aufsteigenden Sonne vergoldeten eben den hohen Gipfel des Glenaa, als das Gewässer bei dem östlichen Ufer des Sees plötzlich und heftig bewegt wurde, obgleich der übrige Teil seines Spiegels ruhig und still lag wie ein Grabmal von geglättetem Marmor. Im nächsten Augenblick schoß eine schäumende Welle vorwärts und glich einem stolzen Streitroß mit hochgekämmten Mähnen; übermütig in ihrer Kraft, rauschte sie über den See nach dem Tumiesgebirge hin. Hinter dieser Woge erschien ein herrlicher, völlig bewaffneter Krieger, auf einem milchweißen Pferde sitzend. Schneeige Federn wallten prächtig von einem Helm aus glänzendem Stahl, und über seine Rücken flatterte eine hellblaue Binde. Das Roß, sichtbar stolz auf seine edle Last, sprang hinter der Welle auf dem Wasser daher, welches ihn wie festes Land trug, während Bogen von Schaum, der glänzend in der Morgensonne schimmerte, bei jedem Sprunge aufspritzten.

Der Krieger war O'Donoghue. Hinter ihm her kam eine zahllose Menge Jünglinge und Mädchen, welche sich leicht und ohne Anstrengung auf der Oberfläche des Sees bewegten, wie Elfen im Mondschein über luftige Gefilde dahingleiten. Sie waren durch Gewinde köstlicher Frühlingsblumen verbunden, und ihre Schritte folgten dem Takte einer bezaubernden Melodie. Als O'Donoghue beinahe die westliche Seite des Sees erreicht hatte, wendete er plötzlich das Pferd und richtete seinen Lauf längs dem waldbekränzten Gestade von Glenaa hin, vor ihm her die mächtige Woge, die wallend bis zu dem Nacken des Pferdes aufschäumte, dessen feurige Nüstern darüber weg schnaubten. Der lange Zug der Diener folgte mit lustigen Seitensprüngen der Spur des Führers und bewegte sich in unermüdlicher Lebhaftigkeit nach den Akkorden der himmlischen Musik, bis sie nach und nach, bei ihrem Eintritt in die schmale Enge zwischen Glenaa und Dinis, in die Nebel, welche allezeit über einem Teil der See schweben, eingehüllt wurden und vor den Augen der staunenden Zuschauer erblaßten. Doch die Töne der Musik erreichten immer noch ihre Ohren, und das Echo, welches diese melodischen Weisen erfaßte, wiederholte sie eifrig und verlängerte sie in immer sanftern Klängen, bis endlich der letzte, schwache Laut dahinstarb und die Zuhörer wie aus einem seligen Traum erwachten.